U0959512

[德国] 格哈德 · L.温伯格 著　梁道华 译

# 第二次世界大战

牛津通识读本 ·

# World War II

A Very Short Introduction

译林出版社

图书在版编目（CIP）数据

第二次世界大战 /（德）格哈德·L. 温伯格（Gerhard L. Weinberg）著；梁道华译.
—南京：译林出版社，2022.8
（牛津通识读本）
书名原文：World War II: A Very Short Introduction
ISBN 978-7-5447-9000-0

Ⅰ.①第… Ⅱ.①格… ②梁… Ⅲ.①第二次世界大战-战争史
Ⅳ.①K152

中国版本图书馆 CIP 数据核字（2021）第 280488 号

*World War II: A Very Short Introduction* by Gerhard L. Weinberg
Copyright © Gerhard L. Weinberg 2014
*World War II : A Very Short Introduction* was originally published in English in 2014.
This licensed edition is published by arrangement with Oxford University Press.
Yilin Press, Ltd is solely responsible for this bilingual edition from the original work and Oxford University Press shall have no liability for any errors, omissions or inaccuracies or ambiguities in such bilingual edition or for any losses caused by reliance thereon.
Chinese and English edition copyright © 2022 by Yilin Press, Ltd

著作权合同登记号　图字：10-2016-181 号
审图号：GS（2022）3035号　　书中插图系原书插图

**第二次世界大战 ［德国］格哈德·L.温伯格／著　梁道华／译**

责任编辑　陈　锐
特约编辑　茅心雨
装帧设计　景秋萍
校　　对　王　敏
责任印制　董　虎

原文出版　Oxford University Press, 2014
出版发行　译林出版社
地　　址　南京市湖南路 1 号 A 楼
邮　　箱　yilin@yilin.com
网　　址　www.yilin.com
市场热线　025-86633278
排　　版　南京展望文化发展有限公司
印　　刷　江苏扬中印刷有限公司
开　　本　890 毫米 ×1260 毫米　1/32
印　　张　8.625
插　　页　4
版　　次　2022 年 8 月第 1 版
印　　次　2022 年 8 月第 1 次印刷
书　　号　ISBN 978-7-5447-9000-0
定　　价　39.00 元

版权所有 · 侵权必究

译林版图书若有印装错误可向出版社调换。质量热线：025-83658316

# 序 言

孟钟捷

第二次世界大战是当代“无法过去的过去”。从根本上而言，我们赖以生存的世界运行法则源于七十几年前的炮火、泪水、教训和探索。正因如此，即便任何一段历史都是独特的存在，永远不会以同样的面貌轮回再现，但当下对于第二次世界大战来龙去脉的一次次回溯和呈现，仍然不啻为某种让世人保持警觉、谨慎权衡、小心决策的资治法宝。

在有关第二次世界大战的研究中，战争何以发生以及盟军如何取胜这两个问题，总是吸引着人们的目光。有关战争起源的争吵，自战火出现后便没有停歇过。有人归咎于凡尔赛体系的结构问题，有人指责希特勒的处心积虑，有人批判欧美国家的绥靖主义，有人指向苏联的外交自保。即便在“二战”起始点上，都存在着1931年说、1937年说、1939年说、1941年说等不同论断。与此相似，有关反法西斯同盟最终获胜的原因，研究者也各有所选，从人心所向到国力比较，从战略优劣到决策成败，从外在环境变迁到内部结构变化。就此而言，对每一位书写二战史的学者来说，怎样回应上述问题，便是“仁者见仁智者见智”了。

“牛津通识读本”的《第二次世界大战》，恰恰反映了作者格哈德·L.温伯格的学术功底及其个人的研究心得。1928年，温伯格出生于德国城市汉诺威。1938年，他因犹太身份而不得不随家庭出逃英国。1941年，他来到美国。在日本短暂服役后，温伯格先后在纽约州立大学和芝加哥大学完成自己的学业，获得历史学博士学位，随后在肯塔基大学和北卡罗来纳大学任教。他的博士生导师是著名的德国流亡历史学家汉斯·罗斯菲尔斯（Hans Rothfels）。罗斯菲尔斯持坚定的反纳粹立场，认为希特勒及其第三帝国是第二次世界大战的罪魁祸首。这一观点对温伯格产生了巨大影响。他毕生投身于对希特勒、纳粹德国及二战史的研究，整理了包括希特勒《第二本书》在内的德国档案，曾出版《德国与苏联》（*Germany and the Soviet Union*）、《希特勒德国的外交政策》（*The Foreign Policy of Hitler's Germany*）、《战争中的世界》（*A World at Arms*）、《胜利展望》（*Visions of Victory*）等著作。

除此之外，温伯格积极参与了有关二战史的各次重大争论。20世纪50年代，他与导师罗斯菲尔斯一起，同德国右翼历史学家安德里亚斯·希尔格鲁伯展开辩论。希尔格鲁伯认为，德国入侵苏联的“巴巴罗萨计划”是一种防御方案，因为希特勒担心苏联会攻击德国。不仅如此，他还把英法向德国宣战的9月3日作为“二战”爆发日。对此，温伯格始终持批判态度，坚持认为德国外交政策很早就做好了侵苏准备，德国入侵波兰的9月1日是毋庸置疑的“二战”起始点。60年代初，他反驳波裔美国历史学家大卫·L.霍根有关“二战”起源于英波密约的观点，提出德国早在《霍斯巴赫备忘录》中就表明了入侵波兰并发动全球战争而非大陆战争的态度。这一立场支撑他批评英国历史学家A. J. P. 泰勒，认为后者对希特勒的外交理念评价过低，因为在温伯格看来，希特勒在《我的奋斗》中提出的很多想法并不是天马行空的。进一步而言，希特勒并非泰勒眼中的传统政治家，而是基于意识形态的新型政治人物。由此，他在90年代有关屠犹问题上的“目的论”和“功能论”的争议中力挺前者，批评美国历史学家克里斯托弗·布罗宁未能认清希特勒早已确立的屠犹目标，反而陷入有关“最后解决方案”如何形成的繁琐考证中。也正是在这一点上，2007年，他在评述英国历史学家伊恩·克肖的著作时，反对后者贬斥时任英国首相张伯伦的做法。温伯格认为，希特勒在苏台德危机时已做好了吞并整个捷克斯洛伐克的准备，而张伯伦通过谈判手段让他不得不进行了“战略退却”。就这一点而言，张伯伦并非无功而返。简言之，在其漫长的二战史研究生涯里，温伯格始终秉持着希特勒及其纳粹德国是第二次世界大战的罪魁祸首这一基本立场，强调希特勒的反犹反共意识形态及夺取世界霸权的野心。

本书是温伯格于2014年出版的小书《第二次世界大战》的中译本。上述理念及长达半个世纪的研究心得，都浸润在字里行间中。

在引言里，作者回应了有关“二战”起点的争议，但坚称“第二次世界大战始于1939年”，即便此前已出现了一些地区性的军事冲突。当然，他随即重申了自己的老观点——“德国发动战争之初，即有吞并全球之意”，由此让这场大战“从一开始就具有世界特色”。

在通往战争的“两次世界大战间歇期”，温伯格既关注了《凡尔赛条约》的问题，又肯定了它给国际治理带来的一些正面元素，如国际联盟“为处理国际关系提供了一个新思路，影响了20世纪普通民众和领导人的思考方式”，对于战犯加以审判的条款即便没有落地，但也“为人们开始思考战争的恐怖提供了新的因素”。作者充分描述了希特勒的霸权构想，并在此背景下肯定了张伯伦的斡旋努力，因为《慕尼黑协定》被希特勒视作“一辈子犯过的最大错误”。也正因如此，1938年后，希特勒的侵略步伐变得更为坚定。

有关战争的进程，作者并没有过多创新之处。但显然基于自己的研究心得，温伯格专列一章详谈“巴巴罗萨计划”。不仅如此，他在东亚地区也发现了苏、德、美、日四国之间的复杂关联。他对于双方的战略方案与具体战术进行了颇为精到的叙述和点评，基本反映了最近四十年来军事史方面的研究进展。

与其他著作不同的是，本书专列一章分别讨论了各国后方的政治、经济与社会发展。第二次世界大战同样是一次“整体战”。它不仅外化于战场上的生离死别，而且还表现为后方世界的纷繁复杂。既有抵抗者，又有合作者，既有屠杀，又有静默。当然，战争推动了军事科技以及战地医疗技术的长足发展，“战后，这些成就发挥了很大作用”。所以，作者总结说，“虽然‘二战’期间物质破坏巨大，但毕竟也有几样有益的技术进步”。

在温伯格看来，“胜利的代价是高昂的，但是失败的后果更加可怕，从这个意义上说，胜利的高昂代价是值得的”。更为重要的是，“这场大战的性质和结论都在警醒世人，今后对待战争应慎之又慎”。

全书言简意赅，从全球史的视角，评述了这场世界大战在各地区的兴起、发生与影响。值得肯定的是，作者并没有仅仅关注欧美大国，而是尽量把笔触伸到为战争所影响的一切国家。例如中国，温伯格虽然不赞同把“二战”起点放在1931年或1937年，但并不否认日本侵华战争的本质，而且提醒读者，“不管有无外援，中国人民都会坚持抗日”，并提到了中国军民伤亡人数“至少一千五百万”。他也注意到日本的战争反省远远不如德国深刻，以至于那些被日本侵略的国家和地区“拒绝与日本达成和解”。

当然，一本带着明显作者研究印记的小书，不免挂一漏万，值得我们继续思考和讨论。在关于战争的起源讨论中，温伯格显然过于重视了希特勒的称霸野心和决策影响，对英法的绥靖主义缺少深入分析。与此相反，他对苏联的各种批判散见于各章之中。甚至在有关“二战”影响的评述里，他也只关注到苏联人的感受变化，却没有提及美国在战后成为世界霸主这一事实。此外，作者似乎对波兰抱有最大的同情心，以至于在两处都以最高级的方式来提及波兰：“没有任何一个国家遭受‘二战’蹂躏的程度有波兰那么深远”，“没有任何国家的损失比波兰遭受的蹂躏、冲击、劫掠和毁灭更严重”。然而，这种定性在比较视野下却是值得怀疑的。

不管怎样，温伯格作为当代最著名的美国二战史学家，他的这本小书依然是我们走进这场“无法过去的过去”不可或缺的入门指南。

# 目　录

# 引 言

起初，人们把终止于1918年11月11日的那场战争叫作“大战”，几十年以后，才陆续有人称之为“第一次世界大战”。将1914年到1919年间那场肆虐全球的冲突称为“第一次世界大战”，并立碑纪念，足以说明那场战争冲突造成的伤亡人数和破坏程度都是史无前例的。1914年以前，也发生过多次波及全球、极其血腥的战争，其中既有陆战也有海战，但是，没有任何一场战争像第一次世界大战那样，殃及如此多的国家和殖民地，直接或间接牵连如此高比例的世界人口，帝国与封建王朝灰飞烟灭，无数生灵涂炭。战争一结束，人们额手称庆，以为再也不会发生这种灾难了，我们不禁要问，为什么在1918年后仅仅过了二十年，历史悲剧差点重演？并于第二年（1939年），一场世界范围的战火再度点燃？

如今，回顾第二次世界大战，有人坚称，第二次世界大战应从1931年日本侵占中国东北算起，有人认为应从1935年意大利入侵埃塞俄比亚（阿比西尼亚）算起，有人则认为应该从1936年西班牙内战爆发算起，还有人认为应从1937年日本发动全面侵华战争算起。本书认为，上述战争冲突的性质不同。发生在东亚的两次战争（1931年的九一八事变，1937年的卢沟桥事变）是日本对华局部侵略的升级扩大，意大利在非洲东北发动的战争行为是其殖民扩张的延续，而西班牙内战自始至终没有打出国
1 门。尽管在上述战争中有外部势力为冲突一方提供援助，但是公开参战的只有直接相关的几个国家。的确，1941年12月，日本偷袭珍珠港，是蓄意加入德国于1939年发动的范围更广的战争行动，但是日本人的偷袭并非上天注定（详见本书第五章）。1945年至今，国家间的战争和内战也发生过不少，所幸没有任何一场军事冲突蔓延至全世界。

本研究姑且采纳这种观点，即第二次世界大战始于1939年。那么，为什么认定它一开始就是世界大战，而不认为它开始只限于欧洲内部，直到1941年底后才变成了一场世界大战？须知，此前始于欧洲而后波及其他地区的战争发生过多次。虽然第二次世界大战始于欧洲，然而，从一开始它就具有世界特色，涉及全球范围。德国发动战争之初，即有吞并全球之意，这点我们将在第一章详细介绍。应战的盟国一开始就有加拿大、澳大利亚和新西兰，几天以后，南非联邦也宣布参战。法国和英国的殖民地也从最初就介入了，比如，法属殖民地的非洲士兵在法国作战（他们投降以后被德军枪杀的有成千上万），英国在印度也招募了这场战争规模最大的志愿军。意大利直到1940年6月才正式参战，但是它一参战，就将非洲大陆拖进战争的旋涡。不会有人认为1941年五六月间在伊拉克爆发的抗英起义和在叙利亚爆发的战争仅限于亚洲范围吧？

海上的战争也从一开始就具有世界大战的色彩。有两个例

子足以证明。1939年12月在乌拉圭近海爆发的德国“施佩伯 2
爵”号袖珍战列舰与英国“埃克塞特”号、“埃贾克斯”号和“阿基里斯号”巡洋舰之间的海战；1940年苏联人给德国提供援助，派遣补给巡洋舰穿越北冰洋，沿着西伯利亚海岸向东，以使德国能够击沉盟军部署在太平洋的舰船。德国人发动潜艇战、英国截击德国商船，都是在全球范围内展开的。

如果认为第二次世界大战始于1939年9月德国入侵波兰，终于1945年9月日本投降，那么，其中的具体过程是怎样的？人们对于是谁发动了第一次世界大战意见不一，然而，第二次世界大战是由德国发动的这一点毫无争议。本书第一章重点探讨的问题是，当从第一次世界大战中幸存下来的成年人对前次战争的记忆依然历历在目的时候，第二次世界大战何以还能爆发？它是如何爆发的？德国发动战争的时候，志在必得，而且有段时期确实有获胜的势头，为什么最后胜利的反而是盟国？后面几章我们将探讨这个问题。此外，本书还将重点考查为何有些国家站在了德国这边，比如主动参战的意大利、日本、匈牙利、芬兰、罗马尼亚和保加利亚，从而和西半球的大部分国家相背；又为何有些国家和英国、法国站在了一起，比如受到侵略后才应战的苏联和美国。



因为第二次世界大战是有史以来规模最大的战争，所以有必要考查战争在各参战国引起的改变，也有必要考查部分参战国战前拥有的殖民帝国的兴衰。本书也将探讨武器的重大变革以及医学和工程技术领域的巨大进步。有不少新的机械设备就是在第二次世界大战期间开发并投入使用的，它们现在依然深刻影响着我们的日常生活，并将继续影响下去，写作本书初稿所
用的电脑就是一个很好的例子。 3

第一章

# 两次大战的间隙

## 1919年的巴黎和会

战胜国代表在与德国、奥地利、匈牙利、保加利亚以及奥斯曼帝国的继承者谈判拟定和平条约的过程中，面临很多复杂的问题——如何处理战败的同盟国成员？如何对待从俄罗斯帝国、奥匈帝国和奥斯曼帝国的废墟上崛起的新兴国家？如何解决中国、日本就德国之前在中国占领的殖民地归属权的纷争？如何处理德国的其他殖民地？如何防止类似刚结束的战争那样的灾难重演？诸如此类问题，在有关1919年巴黎和会的文献中很少提及，但是，很有必要将上述问题看作同一个根本问题的不同侧面，这个根本问题是：随着领土的基本概念从封建王朝向民族国家发生转变，如何重组欧洲及其领地？1815年，经历了法国大革命和拿破仑战争的动荡之后，当时的和会代表们还没有想到这个问题。这次，参加巴黎和会的很多代表认为，未能适应20世纪初巴尔干战争以及塞尔维亚和奥匈帝国之间的纷争中已经突显的民族国家原则，正是刚刚结束的第一次世界大战的主要原因。

如何促进效忠于一个王朝的国家向以民族身份认同为基础的国家的转变？为了解决这个根本问题，和谈代表们所做的努 4
力并非完全公平合理，但是他们的功劳也很少得到应有的承认。在欧洲，自认为受到异族统治的人数大大减少了。此外，总体而言，和平条约有三个方面是契合这个努力方向的，我们也应该肯定这一点。欧洲有好几个新兴国家被迫签下协定，承诺尊重位于重新划定的国界内的少数民族的权利。这种保护少数民族的机制后来所发挥的作用不及当初其制定者的设想，但是，必须肯定他们为之付出的努力。条约的第二个特征很能反映这种以民族划定国界的原则，条约规定在欧洲好几个地区的居民可以举行全民公决来决定自己的民族身份，其用意是此后划定的国界应体现他们已经明确选择的民族身份。这一点在日后问题重重，不过这种设想仍然值得肯定。

和平条约的第三个特点反映在对德国的殖民地和奥斯曼帝国内非突厥人居住的那部分地区的安排上，即一反传统，注重被统治者而不是统治者。有几块很小的德国的殖民地（西非的喀麦隆、多哥）就近并入了英国、法国的殖民地，德属东非（坦桑尼亚）有一小部分并入葡萄牙的殖民地莫桑比克，但大部分德国的殖民地与分配给英国、法国的奥斯曼帝国的那些地区一样，被转换成了“托管地”。这些托管地分为三类：一类，在不久的将来即可获得独立；二类，取得独立所需的时间要稍长一点；三类，在较长时间内要受到外部势力的管控。这些国家被分配给不同的战胜国管理，直至独立。这些国家的新统治者必须向新成立

5 的国际组织下设的特别委员会汇报工作。这样的制度安排和以往相比有个重大变化。上次国际冲突之后，印度的一部分、加拿大、西半球的其他部分、亚洲、太平洋岛国等殖民地被从一个殖民帝国转让给另一个殖民帝国，决策者当时从没想过殖民地人民可能希望有些政令出自本国首都，而不是出自伦敦、巴黎、马德里、里斯本、华盛顿、东京、罗马，或者任何一个本国之外的地方。

另外两个创新也值得一提。主要是在美国的推动下，一个名叫“国际联盟”的新的国际组织成立了，其宪章称为《国际联盟盟约》（以下简称《盟约》）。之后订立的所有和平协定都自动将《盟约》作为第一部分。《盟约》的大意是鉴于刚刚过去的战争带来了深重灾难，有必要确立全新的国际关系准则，以免悲剧重演。应设立一个常设国际论坛，讨论亟须解决的任何国际事务。另外，应建立一套机制，负责监督少数民族、托管地、全民公决，为每个成员国的独立完整提供集体保护。该机构后来的实际作用没有预期的那么大，不过它为处理国际关系提供了一个新思路，影响了20世纪普通民众和领导人的思考方式。

另一个创新是在与德国签订的和平条约中加入一条对战犯加以审判的条款。这是德国人最痛恨的条款之一，最终也并没有举行国际审判，改由德国法庭在莱比锡开庭审理。那些审判最终成为一场闹剧，迫使战胜国在第二次世界大战期间及战后采用了其他方案，不过，这个概念为人们开始思考战争的恐怖提供了新的因素。一艘德国潜艇的艇长下令用鱼雷击沉一艘医疗船，然后下令用机关枪射杀救生艇上的幸存者，过后竟然还指望国家社会主义者在德国掌权之后可以平步青云，这一点也不奇

怪。不过，该条款展现了人们处理此类问题的新思路。 6

第一次世界大战过后，奥匈帝国和奥斯曼帝国解体，与德国签订的和平条约就显得尤为重要。该条约确立的从封建王朝向民族国家原则的转变最为重要，争议也最大。德国作为新兴大国，成立时间不到半个世纪，但是，并未因此分裂。国内居民更加认同自己为德意志人，而不是普鲁士人、符腾堡人、萨克森人或巴伐利亚人。此前一个半世纪被德国抢占的领土将物归原主，即法国、丹麦和波兰，但是，德意志人密集居住的地盘基本没有被移交给战胜国，和平条约的缔结者的上述决定为日后埋下了隐患。



为将被抢占的领土归还给丹麦和波兰，将在对边界如何重新划分有争议的地区举行全民公决，这条规定也将适用于萨尔地区（该地区后来一直处于分裂状态，十五年以后才和德国统一）。归还从波兰夺来的大部分土地，在德国引起的反对声浪最高。波兰于1772年、1793年、1795年三次发生分裂，勃兰登堡-普鲁士的统治者乘人之危，攫取了波兰大片土地，从而使得俄罗斯更加接近欧洲中部，并且在波兰第一次分裂时，建立了一条连接勃兰登堡和普鲁士的东西走廊。虽然波兰立国远早于德国，但将从波兰抢来的领土物归原主（和1772年以前的情况一样，意味着开辟一条南北通道），仍被很多德国人看作奇耻大辱。德国人的这种愤怒情绪，在当时以及随后的几十年里都带来了严重后果。许许多多的德国人相信波兰人和东欧其他斯拉夫人是低劣人种，文化也落后。允许他们投票决定自己是德意志人还是波兰人，意味着波兰人可以和德国人平起平坐，这简直是在侮辱德国，因为德国人自认为是完全不同的高贵人种。参与制定 7

和平条约的德国代表团，最终说服战胜国不按原计划将上西里西亚地区直接交给波兰，而在该地区举行全民公决（通过全民公决，该地区仍会保持分裂），但有许多德国百姓并不认为这是德国谈判代表取得的重大胜利，而是在德国人的伤口上撒盐，是对其自我认同的再次羞辱。自始至终，人们无视了一个事实，即包括普鲁士、巴伐利亚、奥尔登堡在内的许多邦国，一直游离在德国之外，直到后来的1945年。

另一个重要方面是围绕德国西部边界的争议及谈判委员会的处理方式。鉴于法国不久前曾先后两次遭受德国入侵（1870年和1914年），因此法国人非常担心德国再度入侵，情况颇似1815年拿破仑滑铁卢战败前的欧洲，很多国家担心遭到法兰西第一帝国的入侵。谈判委员会曾认真考虑把莱茵兰从德国分离出来，使之成为一个独立的国家。可是，这么做虽然可以保护法国免遭入侵，但严重违反民族国家的原则。在英、美两国代表的一再坚持下，莱茵兰仍将是德国的一部分，不过，为了保护法国和比利时，将做出特别安排——莱茵河以西地区以及莱茵河以东五十公里内的范围将被划为非军事区。另外，英国、美国分别与法国签订担保条约，确保如果德国再度入侵法国，英、美两国将会驰援。当时的设想是，这样的安排既为法国提供了安全保障，又不违背民族原则。德国可以保留该地区，不过对于再度入侵法国将会有所顾忌，毕竟，一旦向法国开战，就意味着向英、美两国宣战。德国也必须尊重波兰及奥匈帝国灭亡之后新兴小国的独立主权。因为有了非军事区，德国西边的门户大开。不幸的是，美国参议院拒绝批准这个担保条约，随后英国拒绝独自担任保证国，导致这个机制在20世纪30年代崩溃。美国从它参与



8

设计的条约体系中抽身而出，履约的责任落在一群在大战中元气大伤的国家肩上，实际上助长了战败国再次冒险的投机心理。

与德国签订的条约中还有两类条款让德国人深恶痛绝，从而想方设法加以破坏或漠视，即对德国军队的限制和战争赔偿。战争中，德军首次将轰炸敌军后方城市引入战术，协约国对德国的这种做法切齿痛恨，但不愿意以牙还牙，结果是，和平条约禁止德国拥有空军。虽然德国人在日后的第二次世界大战中发现，只要德军一再轰炸敌国后方城市，对方还是会以牙还牙的，但在1918年以后，德国人利用苏联友人提供的设备巧妙避开了这条规定。条约规定他们不得研制装甲车辆、潜艇，但德国人总能想出办法绕开这些禁令。至于条约把德国军队的规模限制在十万人以下，德国人的规避办法是训练武装警察。虽然条约经过德国议会的批准成了法律，德国最高军事统帅们也曾宣誓遵守宪法和共和国的法律，但他们仍然以能尽可能多地违反当初的誓言而扬扬得意。

此前在每次战争结束以后，战胜国往往迫使战败国赔款，最近的一次赔款是当时新成立的德意志帝国于1871年强加给法国的。这次，条约起草人修改了表述。由于多数战争行为及其附带损害发生在德国以外，因此在条约以及随后的谈判、辩论中所说的“赔款”一词是为了表明，德国的赔款并非其战败赔款，而是用来修复德国发动战争造成的破坏所需的费用。关于损害赔偿的谈判过程既漫长又复杂，在此不赘述，不过关键结果必须顺便交代一下，因为这个结果对于德国及战胜国都将产生影响。 9
为了逃避赔款，德国政府于1923年故意制造通货膨胀让其货币贬值，1931年至1932年又故意制造剧烈的通货紧缩，结果，在全球范围内，德国实际赔付甚少，战胜国只好各自负担重建费用，导致战胜国的财政负担雪上加霜。然而，德国国内的情况是国内民众对政府极度不满，也更加愿意支持国家社会主义者所宣扬的新的政府形式。

## 第一次世界大战之后的德国和希特勒的崛起

德国战败出乎所有人的意料，战败之后，国内局势混乱，不同群体、不同个人对于刚刚过去的事件，都有自己的解释，并纷纷为国家的未来献计献策。许多军队领导和部分政治领导人认为，德国之败不在于前线受挫，而是因为有社会主义者、共产主义者、犹太人和其他颠覆分子在背后捅刀子。如今，他们作为德国战败的受益人，成了国家的统治者。必须实行一套新的政治制度，绝不容忍多党政治带来的内部差异，才能保证在唯一政党领袖的领导下取得胜利。通过散布这种信息，阿道夫·希特勒领导的纳粹党获得越来越多的支持。民选总统兴登堡身边的人误以为他们可以控制事态发展，期待在未来可能发生的战争中能够不吃败仗，他们于1933年1月底说服兴登堡总统任命希特勒为总理。



此前，希特勒在其著作和演讲中，一直坚持德国在背后“挨刀子”的说法，盛赞意大利法西斯和苏联实行的一党制。他坚持认为德国的未来不在于发动战争夺回德国在“一战”结束后签
10
署的和平条约中失去的零星土地——那是他所说的“边界政客”所出的馊主意，而在于发动战争，获取巨大的“生存空间”，这是和他本人一样的“空间政治家”所极力主张的。在1933年的短短几个月内，希特勒巩固了德国的一党专制政权，与此同时，此

前一直秘密进行的重整军备的进程也被加快了。希特勒就任总理后没几天，就向军队领导人解释说，重整军备就是为了在东欧征服大片生存空间，并使之德意志化。

希特勒认为，之前秘密进行的重整军备如果开足马力，足以应付他所筹划中的大战的初期需求——他要拿捷克开刀，打算通过征服捷克来巩固德国在中欧的地位，扩大征召陆军师的规模。下一场战争必将需要新式武器，尤其是单引擎、双引擎俯冲轰炸机、更大的坦克以及大型战舰。这些武器是预备用来对付法国和英国的，因为这两个国家在前面的第一次世界大战中让德国吃尽了苦头。虽然击败西方列强是个必备的前提，但希特勒假定，按照计划，在随后对苏联的进攻作战中，不必动用什么新式武器，他的理由是，击败苏联人不是什么难事，因为苏联人是下等的斯拉夫人种。他认为，也该德国人走运了，苏联布尔什维克革命清洗掉了统治阶级的精英（主要是日耳曼人），在希特勒看来，如今在苏联掌权的不过是一群酒囊饭袋。把下等的苏联人消灭之后，随后对美国的战争所需要的物质资源将会很充足（尤其是石油）。美国人虽然也是低劣民族，但离得比较远，海军的战斗力也不容小觑。所以在1937年，对英、法两国开战所需的武器设计制造顺利进行的时候，希特勒命令开始研制进攻美国所需的洲际轰炸机及超级战舰，因为这些武器的设计、建造要耗时多年，这一点他估计得没错。




## 世界各国对希特勒的反应

除了德国，全世界任何国家都不敢相信，刚刚经历了当时所谓的“大战”，竟然有人处心积虑企图再次发动可能殃及世界大部分的战争。从20世纪20年代到30年代初期，世界各国采取种种措施来限制武器装备的发展。虽然效果不是很好，但这些措施表明，多数大国认为限制武器装备的发展是必要的。德国于1933年正式退出条约，其他国家没有察觉这是德国铁了心要再次发动战争的预兆。同样，日本从限制发展海军的条约中退出，美国对此的反应是最低限度地重整自己的海军军备，而英国的反应甚至比美国还要迟钝。1931年日本强占中国东北，1937年发动全面侵华战争，其他国家仅是口头反对，并没有采取任何军事行动加以干预。当时，德国与中、日两国关系都不错，1937年秋冬季节，德国努力居中调停。看到东京政府拒绝向中国国民政府做任何让步，希特勒选择站在日本一边。希特勒一直呼吁要和意大利结盟，一来因为他钦佩意大利独裁者贝尼托·墨索里尼，二来因为它只能牺牲“一战”的盟友来为我们扩大第三帝国的地盘。日本和意大利的情况相同，所以日本是德国另一个理想的潜在盟友。

20世纪30年代，德国重整军备的步伐更加明目张胆，美国国会却通过了所谓的“中立法”。如果美国在“一战”之前就制定这个法律，不至于被卷进1914年的世界大战，如今，时移世易，实施这项法律，反而更容易加快新的世界大战的爆发。美国通过这样的法律，对法国、英国而言无异于当头一瓢凉水，对于德国来说则是一剂强心针。法国、英国都不愿因为德国公然违反和平条约而对德宣战。鉴于第一次世界大战的惨重伤亡，法、英



两国的民众一想到可能再次爆发战争，就惶恐不安。英国大幅度裁军，法国则开建一条坚固防线，以打消德国再次入侵的念头，或者，万一德国再次进犯，可以以此抵挡其进攻。德国无休

止地抱怨1919年签署的和平条约对德国过分苛刻，导致法、英两国民众和领导人对德国人动了恻隐之心。一位于1943年5月在突尼斯被俘的德军将领向随后于1944年2月被俘的一些德军将领发感慨说（他们的谈话被秘密录了音），如果德国能再签一个《凡尔赛条约》，大家就会高兴得蹦到天上去。然而，当初成功说服战胜国给德国在不遵守条约规定方面留有余地的德国人认识到这一点太晚了。

随着德国和意大利、日本的勾结越来越紧密，英国更加不愿意和德国对抗了。大英帝国及全球英联邦成员所面临的威胁迫使欧洲及地中海、东亚国家提高了警惕。法国当初同意将莱茵兰继续留在德国，以换取美国、英国的支持，现如今这个承诺不复存在，法国国内陷入痛苦的分裂，这大大削弱了法国的地位。1936年3月，德国人得寸进尺，在莱茵兰重新军事化，从而彻底违反了和平条约的所有条款，然而，法国政府仍然决定不采取军事行动。法国与几个东欧新兴国家签订的条约，并没有被看成是对法、俄于1914年以前订立的盟约的有效替代。苏联领导人约瑟夫·斯大林发动大清洗，杀掉很多高级军官，加上德国与苏联并不接壤，所以，法国1935年与苏联签订的条约也指望不上。

1938年3月，希特勒下令入侵奥地利。从当时发布的照片和报道看来，似乎奥地利民众对于失去自己的独立主权兴高采烈，所以，没有任何国家愿意挺身而出捍卫这样一个国家的主权完整。直到七年以后，奥地利人才发现，即使他们并入了德国，可他们毕竟不是日耳曼人。然而，吞并奥地利立即显现出几个重大的后果。希特勒在国内的支持率再次飙升，德国获得了大片经济价值极高的地区，得以与意大利、匈牙利和南斯拉夫接壤，同时极大地增加了对捷克的威胁。

## 捷克危机

希特勒计划于1938年秋入侵捷克，占领其大部，之后可以考虑把最东部的那个省留给匈牙利，一小块给波兰。他所计划的战争的第一步将利用地理阻隔和舆论宣传阻断外国干预。看一眼欧洲地图，就能发现捷克的地理位置除了与罗马尼亚有很短一段边界以外，与之接壤的全是其敌对国家，对捷克都有领土要求。宣传工作则依靠捷克境内居住的大约三百万日耳曼人，他们主要分布在捷克的波希米亚地区。如果把外界的注意力聚焦在捷克的少数民族日耳曼人所受的所谓“苦难”上，再鼓动其中一些人制造一定数量的事端，那么德国入侵捷克给人的印象就是，这是捷克应得的惩罚，他国就不会干预。毕竟，国界划定的原则是不同民族的自愿选择。希特勒估计，在这个过程中，由于捷克灭国速度太快，别的国家根本来不及出手阻止。



德国的宣传鼓动工作做得很好，不过最终结果有点出乎意料。希特勒怂恿捷克境内的日耳曼人向捷克政府提出层层加码的要求，英国政府却敦促捷克领导人对这些少数民族做出大幅让步。1938年7月，法国政府通过秘密渠道告诉捷克政府，法国不愿也无力为捷克境内的日耳曼少数民族大动干戈，加拿大自治领、南非联邦、澳大利亚等英联邦成员也向伦敦打了类似的招呼。英国首相张伯伦仍然希望，只要捷克政府充分让步，战争是可以避免的。虽然温斯顿·丘吉尔在公开场合批评了这个策略，但私下里他向布拉格当局坦言，如果他当权，他也会奉行同样的政策。

眼看德国就要大举进犯的时候，张伯伦执意飞往德国。而希特勒虽然铁了心要发动战争，却也不好意思不接见英国首相。希特勒故意漫天要价，他坚持要求捷克割让其日耳曼人少数民族居住的地区，连同其防御工事。希特勒万万没有想到——同时也很失望——张伯伦竟然获得了布拉格政府的同意，并在第二次会谈的时候将这一决定转告给了德方。接着，希特勒得陇望蜀，提出更多的要求，摆明了就是不愿意缔结和平条约。至此，英、法政府终于明白，德国只是在寻找战争借口罢了。随即，两国开始战争动员，且明确表示，如果德国胆敢入侵捷克，它们将对德宣战。希特勒看到这种情况，同时认识到德国公众仍然倾向和平，便借此作罢，顺势响应墨索里尼的和平呼吁。墨索里尼统治下的意大利刚刚征服了阿比西尼亚（埃塞俄比亚），当时仍忙于支持西班牙内战中的弗朗西斯科·佛朗哥领导的国民军，根本无力发动一场大战。因此，希特勒取消了进攻捷克的计划，同意在慕尼黑举行第三次会晤。在此次会晤中，他表面上接受了解决方案，但这根本不是他的真实目的。



## 德国发动第二次世界大战

根据《慕尼黑协定》，捷克把边境地区以日耳曼人为主的波希米亚割让给德国，这个协定一直被认为是向德国的步步紧逼投降。世界各国长出了一口气，一场大战终于避免，而希特勒对此却十分不满。希特勒后来将这个协定看成他一辈子犯过的 15
最大错误。不管希特勒想的是对还是错，他认为那是德国发动战争的最佳时期。因此，他不但决定在次年（1939年）发动战争，同时还下定决心，战争的发动方式必须是无可避免的，是谁也阻挡不了的；1938年张伯伦就让这场战争避免了，下次他再也不会上当，这场战争是打定了。德国必须设法创造机会，时机一到，捷克的其余部分都要拿过来。他要因势利导，慢慢培养德国民众的战争狂热情绪，而对西方列强的战争乃是随后征服苏联的必要前提。为了能将重兵集中在西部，东方邻国必须臣服。1938年冬天，匈牙利和立陶宛表示臣服，但波兰没有。

复国后的波兰在严肃认真的谈判中愿意做出一些让步。他们愿意创造条件，方便德国本土和东普鲁士之间的交通往来，也愿意将但泽自由市切割，将市区让给德国，但是波兰人不愿举国臣服德国。波兰人清楚，他们身处两个敌对国家（德国和苏联）之间，但他们仍然下定决心作战，不愿将国土拱手让人，波兰人的这个立场与法、英两国在政策上的调整不谋而合。



照理说，德国吞并了捷克边境地区，应该知足了，其实不然，它显然没有知足，这就迫使巴黎和伦敦重新审视这个问题。1938年冬天有传言说，德国有可能对低地国家、罗马尼亚以及波兰发动进攻，据此，法、英两国政府决定调整政策，如果德国发动进攻，不管是进攻西欧国家还是东欧国家，只要该国奋起反抗，它们两国就会伸出援手。



德国随后于1939年3月占领了捷克中部地区（即捷克的主要部分），充分表明柏林觊觎的远不止捷克境内日耳曼人居住的地区，这更加坚定了英、法两国的立场。它们决定，下一次德国发动侵略战争的时候，只要对方反抗，英、法就对德宣战。主意已定，英国颁布了有史以来第一次和平时期的征兵令。第二次世界大战以后，盟国一致同意将捷克境内的少数民族日耳曼人强制迁移到德国境内。这些日耳曼人总喊着想要“并入帝国老家”，他们的这个心愿必须满足，但不是按照他们自己想要的方式。

希特勒希望孤立波兰，他认为这是攻击法国、英国的必备前提，不过他也做好了准备，同时以一敌三。他把进攻波兰的时机选择在秋天，希望冬天的严寒能够推迟西方对德国的报复。此外，德国公开与意大利结盟，与日本进行谈判，意图让英、法在是否出兵干预这个问题上三思。然而，日本在与苏联发生于傀儡政权“伪满洲国”（即中国东北）和苏联的小弟蒙古国边境的诺门罕战役中的败绩，促使日本当时不愿意明确表态。在柏林看来，既然无法和日本签订协定，那么和苏联签也一样，因为苏联当时对波兰有着巨大的领土需求，而且在德国与西方列强交战时，苏联还可以帮助德国打破封锁。

希特勒上台之前，苏德关系很好，希特勒上台以后，斯大林屡次努力，希望恢复与德国的良好关系，但在1938—1939年以前，希特勒对此嗤之以鼻，因为苏联和奥地利、捷克之间不接壤。但是，现如今，希特勒认为斯拉夫人是劣等民族，时机合适，摧毁他们轻而易举。斯大林则认为，法西斯主义是资本主义的一个阶段，让资本主义国家之间“狗咬狗”，符合苏维埃的利益，纳粹的领土扩张思想只是个幌子，掩盖着屈从于资本利益的国家政权的真实目的，而资本的本性是追逐市场和利润。

美国总统富兰克林·罗斯福曾经警告，如果德国在西欧称霸，一定会调转枪口进攻苏联和美国，对此，斯大林置若罔闻。他公开与英、法两国进行谈判，暗地里积极与德国商谈协议。希特勒的如意算盘是，一旦英、法被彻底摧毁，凡是应许给苏联的，都将归德国，甚至还能得到更多，所以他对斯大林是有求必应。

1939年8月，德国外长被派往莫斯科签订《苏德互不侵犯条约》，以及一份从历次外交谈判中确立的用来瓜分西欧的秘密议定书。希特勒授权他让步，甚至可以超出斯大林的要求。在8月23日签订两项协定之前，两国先签订了一份经济协定，该协定确保德国不怕经济封锁，同时约定，德国、苏联将联手瓜分波兰。

希特勒得知莫斯科的协定已经签署，立即下令进攻波兰。英国首相张伯伦预先警告过，英国将会恪守对波兰的保护承诺，希特勒故意把进攻时间向后推迟了几天，以麻痹伦敦，然后突然下达进攻令。这次，希特勒决意开战，决不允许像1938年那样，被和平谈判捆住手脚。德国之前与捷克有过细致的谈判，但是与波兰之间没有，最终对波兰提出的要求也比较温和，以换取德国国内民众的支持；但就连这些好像客气的要求也一直处于保密状态，直到它们被宣布废止。希特勒命令德国驻华沙、伦敦、巴黎的大使在最后关头离岗几天。他向高级军官解释说，他的唯一担忧是在这个关键时候，会有哪个“混蛋”提出和解。



希特勒的担忧纯属多余。英国政府刚刚和波兰正式结盟，并向德国发出最后通牒，令其撤回进攻部队。不出所料，德国不予理会，英国对德宣战。几个小时以后，法国也一样，先发布最后通牒，德国不予理会，接着法国宣战。同时向德国宣战的还有加拿大、澳大利亚、新西兰，不久之后，南非联邦也跟着宣战。英属殖民地的印度政府也对德宣战，然而爱尔兰宣布中立。不用说，法属殖民地也卷入了战争。虽然墨索里尼一时还没有站到德国一边，但一场新的世界大战显然已经拉开了序幕。

第二章

# 第二次世界大战开始

## 入侵波兰

尽管希特勒的时间表上本有一天时间用来谈判，但他意识到很难分化西方列强和波兰，于是下令开战。1939年9月1日大清早，德国不宣而战，德军轰炸机对波兰的维隆小镇进行了可怕的空袭，将当地医院夷为平地，并用机枪扫射平民，打死1 200多人。美国总统罗斯福呼吁德军不要伤害无辜，于是，德军就在美国驻华沙的大使馆投了一枚炸弹，同时，对波兰其他城镇进行空袭。

此前几年，各国就1914年的战争责任有过激烈的争论，焦点在于战争动员的孰先孰后问题，所以，波兰政府迟迟没有发布动员令。为防止外敌入侵，波兰的防御安排是将其兵力分散开来布防，结果是任何地方的守军都不足以阻挡德军的铁蹄。德军的装甲纵队在空军的战术掩护下，在好几处快速突破，德军步兵或与坦克一同推进，或紧随坦克之后。波兰的守备力量在某几处迟滞了德军的进攻，但是，德军部队马上绕开这些边防部

20 队，使其形同虚设。

德军挺进波兰有几个特点值得注意。采用空军掩护的装

图1　波兰战役

甲集群冲锋，有助于实现快速突破和推进，但是地形复杂、路况很差、机场坑坑洼洼，这对装甲车辆、飞机等武器装备造成的磨损相当严重，而德军将领后来谋划进攻苏联时，仍然忽略了这一

点。德军的各种运输任务（牵引炮车、运送伤员）严重依赖马
匹，这一点被各种宣传片所掩盖，那些影片，过分夸大德军的机 21
械化程度。德军进攻之前曾下达命令，抓到波兰神职人员和社会精英一律杀头，因为德国的长远打算是将波兰这块土地上的人口早晚全部换成日耳曼人，所以，有能力组织抵抗的人士应尽早铲除。类似的，随着德国军方越来越直接地参与这场后来演变为种族灭绝的大屠杀，大量波兰平民和犹太人也惨遭杀害。当然，波兰战役中也有例外，德国军方有人坚决反对这种屠杀行径。这种心不甘情不愿甚至反对的声音，引起了德国领导层的注意，后来他们调整了策略，改变了措施。



刚开战几天，德国政府就敦促苏联从东部向波兰发动进攻。刚开始莫斯科没有动作，部分出于政治考虑，部分是因为和日本在诺门罕的战役还在进行。等到日本战败、双方达成停火协议以后，苏联红军立即开进波兰东部，那个地方恰恰是波兰人原先指望在冬季坚守的。苏联和德国两面夹击，注定了波兰失败的命运，然而，波兰人在“二战”后期也不是无所作为。苏德两军举行了一个隆重的仪式，在之前秘密协定中确立的分界线会了师。苏联人向德国移交被解救的德军战俘，移交的速度之快、考虑之周到，远超过后来1945年移交被解救的英、美战俘。有几艘波兰战舰逃脱，加入了盟军，也有很多波兰士兵突围。少数波兰情报人员逃到了西方，这些情报人员在开战前刚刚向英国、法国提供了他们截获并破译的德军用恩尼格玛密码机发送的情报。波兰流亡政府迁到伦敦，在盟国中代表波兰利益，这个流亡政府
得到了英国政府的承认，也得到美国和许多其他国家的承认。 22

一支小型的英国远征军加入紧急动员起来的法军，进驻前

沿要塞，可惜，他们并没有发动像样的攻势以缓解德军对波兰的压力。有限的空袭仅限于针对德国军事目标。在德国城市上空，只撒了一些传单。1940年，在德国空军开始对西方的城市发动恐怖空袭以后，英美才改变其空袭战略。

德国正式吞并但泽自由市和波兰大部。通过大量驱逐被占领土上的波兰人、多数居民和很多犹太人，被占地区很快就被日耳曼化了。波兰人被驱逐进入如今被称为“总督府”的原波兰中部地区，“总督府”受到残酷统治，成了被驱离家园的难民的倾倒场。经过和苏联协商，波罗的海地区以及后来被苏联吞并的罗马尼亚部分地区拥有德国文化背景的人口，被迁移到波兰境内德国控制的安置点。很多人被安置在赶走波兰人以后腾空的房子里，也有很多人在安置点苦等数年。有一点请各位牢记，第一次世界大战结束后的1919年，协约国将被德国占领的蒂罗尔州移交给意大利的时候，将其中居住的德国人赶走；而德国没有照搬协约国1919年的做法，他们不是根据居民的民族身份划定边界，而是依据战胜者的需求划定边界，然后根据新划定的边界安置居民。“二战”结束之后，盟国按照这个原则处理德国人，然而，他们并没有进一步采用当年德国人在其征服的东欧地区所
23 推行的政策，那个政策号称“挥镰行动”，即把成千上万看起来像“日耳曼人”的婴幼儿强制带走，交由德国家庭抚养。

## 海战

从1939年9月“二战”爆发直到1945年5月德国战败投降，海面、海下、海洋上空都是德国和盟国之间的重要战场。战前，一些德国战舰和补给舰（由商船改造而来）就被派到世界各地

埋伏起来，现在它们频频袭击盟国商船。随后几年，又有其他战舰加入这种袭击行动。其间，发生了戏剧性的一幕。1939年12月，德国“施佩伯爵”号袖珍战列舰和三艘英国巡洋舰在阿根廷与乌拉圭近海发生激战，三艘英国巡洋舰受伤，“施佩伯爵”号被凿沉。1939年9月3日，德国潜艇击沉“雅典娜”号客轮，开了个恶劣的先例，此后，德国潜艇击沉大量盟国船只。和第一次世界大战相比，这次英国的反应速度很快，立即组织护航，但在随后的所谓“大西洋海战”里，护航的效果时好时坏。对英国来说，破译德国海军密码在规划本国舰船、潜艇的航线以避开德国潜艇埋伏圈方面有着积极的作用。这些德国潜艇组成集群，通过无线电频繁和陆上的指挥部保持联络，接受指令、汇报战况。发现盟国护航编队以后，指挥潜艇立即呼叫集群中的其他舰只前来围攻。这些无线电信息很容易被截获，但是英国海军指挥部与编队之间的无线电通信同样有被截获的危险。可以这么说，进入1943年以后，德军的密码破译技术比英国人强，后来英国人在美国人的协助下，截获破译密码的能力又比德国人强，这种优势一直保持到战争结束。新研制的“赫夫杜夫”短程无线电高频测向仪、参与越来越多的加拿大海军以及美国提供的护卫舰都对盟军的海上护航行动大有帮助。护航行动中，远程飞机发 24
挥了重要作用，小型飞艇则相对较少。

德国方面，也有两种对于海战的协助不得不提。有时，德国远程飞机负责搜索潜艇难以发现的船只和护航编队，这些飞机也会直接攻击商船和护航船只。另一种形式的协助是战争头几年苏联提供的。斯大林当初没有认识到，帮助德国人先后在北、西、南三个方向把盟军赶出欧洲大陆的结果就是，最后只剩下苏联在东部独立面对德国的进攻；他同样没有认识到，他帮助德国人在海上击沉的那些盟军船只，在后来苏联遭受德国入侵的时候，再也不会从海底升到海面，把苏联急需的物资运送给它。实际情况是，为了换取一些海军设备以及一艘未完工的巡洋舰，他允许德国人使用摩尔曼斯克港口从事军事活动，给德国人提供了摩尔曼斯克港以西北冰洋沿岸的一处海军基地，使德国辅助巡洋舰得以通过北冰洋航道沿西伯利亚海岸向东，进入太平洋，击沉那里的盟军船只。对德军战争行动更加重要的是苏联为他们提供的大量战略物资，如石油和有色金属，以及用火车从东亚转运而来的橡胶和其他物资；一直到德国入侵苏联以后才停止。

苏联对德国海军的支持，很可能是后来德国海军司令雷德尔反对德国进攻苏联的原因之一，尽管如此，雷德尔仍于1939年冬天催促希特勒采取另外两项措施。1939年10月，他强烈建议有计划地击沉美国船只。他和其他德国领导人有个共同的观点，即鉴于美国在第一次世界大战中的作用微乎其微，如果授权德国潜艇遇到船只一律击沉，可以简化问题，为此他不惜再次得
25 罪美国。希特勒当时拒绝批准这个建议。希特勒认为，在德国的水面舰队能够对付美国之前，或者说在找到能够对付美国的海军做盟友之前，最好不要招惹美国调动其军事潜力。1940年夏，当德国在西线取得胜利后，希特勒所做的第一步就是下令恢复建设蓝水海军，以便将来和美国开战，不过，暂时还是不惹美国为妙。

## 德国入侵丹麦和挪威

雷德尔元帅所献的另一计策是占领挪威和丹麦，打通交通

线，便利德国海军进出大西洋。第一次世界大战期间，德国海军对夺取挪威的海军基地以对抗英国兴趣浓厚，这也是第二次世界大战爆发之前的几年间德国优先考虑的事情。希特勒把这个看作对英战争的重要一步。占领挪威还有一个附带的好处，那就是可以控制挪威附近的水域，确保冬天可以从瑞典将铁矿石顺利运来。冬天，波罗的海大部分冰封，但是德国对钢铁的需求有40%都依靠瑞典。希特勒批准开展此项行动的筹备工作，即使当时海军高层有人提出怀疑，他也不动摇。他从一开始就认为，挪威将来会变成德国的永久领土，德国将在挪威的特隆赫姆修建一个海军基地，特隆赫姆将是德国城市之一，通过高速公路和德国本土相连。

希特勒本打算于1939年秋末从三个低地国家向西方发起进攻，但是，有几个因素导致发起进攻的日子一拖再拖——波兰战役后的技术困难，军队内部的反对声音，以及最重要的——天气原因。为了配合陆军粉碎被入侵中立国的抵抗，以及盟军可能提供的支援，德国空军将提供广泛的战术支持。事实上，26
当初成立德国空军的初衷就是如此。冬天动辄就有的恶劣天气迫使进攻屡次推迟，并导致德军在北部的军事行动先于西部展开。

1939年冬天，一场令当代人尤为关注的战争行动发生在苏联与芬兰之间。苏联在与德国联手击败波兰之后，紧接着逼迫三个波罗的海国家（爱沙尼亚、拉脱维亚和立陶宛）允许苏联驻军。与此同时，苏联向芬兰提出领土要求以及其他权益要求，两国随即展开谈判。11月30日，苏联向芬兰发起进攻，谈判破裂。莫斯科对进攻芬兰早有预谋，苏联人以为征服芬兰将会很轻松，甚至提前成立了傀儡政府。在战线的最北端，苏联红军占领了芬兰的北冰洋海岸，然而，天不遂人愿，红军在中段和南段遭到顽强抵抗，局部失利。1940年2月，大批增援部队开到，苏军得以在关键的南端击退芬兰军队。瑞典居中调停，双方开展和谈，于3月份停战。芬兰被迫割让南部、中部边境的部分领土，并同意苏联在芬兰西南建设一个海军基地，但苏军却从北部占领区撤出并解散了傀儡政府，以后也没有再在从芬兰抢夺来的领土上扶植新的傀儡政府。苏联被国联开除，整个事件的前前后后让苏联名誉扫地。鉴于苏联红军在芬兰战争初期的糟糕表现，德国人更加坚信他们当初的判断（即苏联人是不可救药的废物，不堪一击），而没有认识到苏联红军往往在极端困难的条件下，仍能顽强战斗这个事实。另外，德国担心英国借援助芬兰之际，
27 顺势占领挪威，希特勒更加赞同雷德尔元帅的计策，即必须进攻挪威。



德国对丹麦和挪威的进攻计划既简单又复杂。说它简单，是因为不必宣战，只需要对这两个中立国发起突然袭击。丹麦和挪威都没有介入之前的第一次世界大战。德国的战舰和军用运输车队将把士兵运过去，和一些空降兵协同作战，迅速抢占挪威的战略要地。另一艘运兵船直接开进丹麦首都哥本哈根港，然后命令丹麦、挪威政府投降。如果其中哪个胆敢不听，或者两国都不肯投降，立刻踏平即可。说它复杂，主要是就进攻挪威说的。由于挪威海岸线太长，进攻地点相距较远，难以相互策应，这将带来两个问题：一、几乎所有德国水面舰只都必须用来运输部队并为他们护航，这就意味着这些舰船必将暴露在英国海军的炮口之下，英国海军可不是吃素的，会不遗余力干扰德军行

德军行动
空降登陆和进攻路线
空降地点
盟军行动
登陆、进攻和撤退路线
沉船地点
1939年9月1日的国界
0 50 100 150 200 250 英里
0 100 200 300 400 公里
4月15日
英、法、波兰联军
英军第24近卫旅
6月8日
特罗姆瑟
罗弗敦群岛
巴尔迪
哈尔斯塔
比耶克维克
奥福特峡湾
纳尔维克
丰斯特峡湾
5月15日
博德
5月31日
萨尔特峡湾
5月30日
1940年4月9日德军在奥斯陆、克里斯蒂安桑、斯塔万格、卑尔根、特隆赫姆和纳尔维克同时展开登陆
摩城
5月14日
莫舍恩
5月10日
4月16日至4月17日
英军第146步兵旅
特隆赫姆峡湾
挪 威 海
5月2日至
5月3日
纳姆索斯
斯泰恩谢尔
4月19日
威
典
4月18日
英军第15及
第148步兵旅
5月1日
莫尔德
特隆赫姆
奥勒松
翁达尔斯内斯
德拉塞特
4月29日
4月30日
廷瑟
5月2日
杜姆奥斯
1940年4月10日
德军轻型巡洋舰“柯尼斯堡”号被轰炸击沉
5月25日
克瓦姆
伦达尔
4月24日
瑞
利勒哈默尔
雷纳
4月24日
卑尔根
4月21日
5月1日
古尔
哈马尔
埃尔沃吕姆
米约萨湖
挪
赫讷福斯
特谷
厄
奥斯陆
孔斯贝格
斯塔万格
4月27日
哈尔登
4月12日
阿伦达尔
奥斯陆峡湾
1940年4月9日德军重型巡洋舰“布吕歇尔”号被岸上炮火击沉
约森峡湾
克里斯蒂安桑
1940年4月9日德军巡洋舰“卡尔斯鲁厄”号被鱼雷击沉
斯卡格拉克海峡
1940年4月11日德军重型巡洋舰“吕佐夫”号被鱼雷击中受损
卡特加特海峡
奥尔堡
丹
麦
1940年4月9日
被德军占领
哥本哈根
波 罗 的 海
北 海

图2 挪威战役

动；二、纳尔维克港特别重要，从瑞典铁矿发来的火车到此是终
28 点，这里与德军基地的距离也最远。如果是第一种情况，那么德
国海军无法可想，只好准备冒险和英国打海战了，而后造成的损
失远远超过预期。至于第二种情况，他们期待有两种形式的援
助以使德国的作战行动容易一些。纳尔维克有个身居高位的挪
威将领追随挪威叛国者吉斯林，后者与德国相勾结。这个高官
处处顺着德国，德军登陆的时候，他可以做内应。另外，苏联在
北冰洋沿岸提供了一个港口，德军给养以及其他船只可以通过
那里从另一个方向到达纳尔维克港，不用担心受到英国海军的
阻挠。

4月初，德国运兵船和护航船离开德国港口，与此同时，德国
29 军官身着便装，分别来到哥本哈根和奥斯陆递交劝降书。丹麦
立即投降，但挪威政府拒绝了。在纳尔维克为德国人做内应的
那个高官发挥了作用，但是，事与愿违，他的叛国行为反而大大
激发起挪威人奋起反抗德国入侵者的决心。新服役的德国重型
巡洋舰“布吕歇尔”号在沿着峡湾驶往挪威首都奥斯陆的途中
被击沉，挪威首脑机关撤离，随后迁往英国。德国部队在挪威战
略要地特隆赫姆成功登陆，夺取了当地的机场以及其他地方的
几个机场。然而，在纳尔维克登陆的部队遇到了麻烦，因为英国
海军将德军来的时候乘坐的十艘驱逐舰全部击毁。一支盟军登
陆部队攻占了纳尔维克，而当德军1940年5月从西边发起进攻
的时候，盟军主动撤离了。英国、法国和波兰部队在距离特隆赫
姆不远的两处地点登陆，但是两处的作战指挥不善，也缺少空中
掩护。德军拥有制空权，加上盟军自己组织混乱，这两个因素对
挪威南部的战局影响巨大。结果是伦敦又多了一个流亡政府，

不过，德国征服挪威，对于盟军也有一些重要的积极影响。

在挪威战役中，英国损失了一艘航空母舰和几艘吨位小一点的战舰，相比之下，德国海军损失更大。“沙恩霍斯特”号、“格奈森瑙”号两艘战列舰都遭受鱼雷重创；除“布吕歇尔”号之外，有几艘巡洋舰要么被击沉，要么受了重伤；有一定吨位且状况良好，能够参加德国海军1940年7月1日发动的战事的，只剩下一艘重型巡洋舰、两艘轻型巡洋舰以及四艘驱逐舰。被毁的舰船许多得以修复，但到了关键的1940年夏天，德国海军的实力仍不足以支持其对英国的进攻。

攻克挪威从几个方面的确有利于德国的军事行动，首先，德
国有了直出大西洋的海军基地。当德军进攻苏联时，就有基地 30
可以向苏联位于摩尔曼斯克的海军基地发起进攻了，另外，现在有了非常好的干扰设施，日后英国、美国派遣船只沿着北部航道将援助物资运往苏联的时候，德军可以从空中、海上对其实施打击。最后，德国对挪威的控制可以迫使瑞典配合德国的战争行动，派遣本国船只为德国运送铁矿石，允许德国利用瑞典的铁路网运送部队和给养。由于担心瑞典人把铁矿炸了，德国没敢入侵瑞典，不过，德国当时的算盘是，等到整个战争打胜了，再打瑞典还不是小菜一碟？确实，在战争尚未结束之前，德国就已制订了计划。驻扎在挪威的德军一直守在原地，准备迎接盟军的进攻，直到第二次世界大战结束。驻守在那里的德军隔三岔五就得进入战备状态，以应对盟军可能的进攻。

占领丹麦以后，与挪威激战时，德国几乎没注意过与丹麦密切相关的两块区域：冰岛和格陵兰岛。结果，英国调兵占领了冰岛，罗斯福总统宣布格陵兰岛在西半球保护范围内。这几个举

措对后来盟军的大西洋海战帮助很大。不过，话又说回来，1940年，德国的海军力量、船运能力都不足，他们想都没有想过要夺取这些区域，而这些区域对战争全局却发挥着重要作用。

盟军在挪威的失利直接导致英国首相张伯伦辞职。执政的保守党内，比较恰当的接班人是哈利法克斯勋爵，可是这位勋爵认为，在战火纷飞的年月，他作为上议院的议员担当政府首脑似乎不妥，推辞不干。不得已，温斯顿·丘吉尔当了首相，不过，他作为海军大臣，对于挪威战役的指挥不当难辞其咎。5月10日，
31 德国在西部发动进攻，同一天，英国新政府宣誓就职。新政府是由保守党、工党、自由党组成的联合政府，带领英国民众熬过了艰难的战争岁月。直到第二次世界大战结束之前，这个联合政府都没有多少人事变动。



1939—1940年冬天的另一事件，对整个战局的发展具有重大影响。德国政府内部有一伙人和英国政府有过多次秘密接触，商讨万一希特勒政府内部的反对派推翻了希特勒政府，盟国能否与德国签署一个比较公平的和平协定？英国和法国政府口径一致，答复是，德国要和平可以，但必须让捷克和波兰恢复独立。不管参与秘密接触的德国人和希特勒有多大区别，对于盟国来说，有两点极其重要：第一点比较明显，直到1944年7月才有人试图推翻希特勒政府；另一点，有些照理说应该参与发动军事政变、推翻希特勒政权的人，同样参与了对一些中立国入侵计划的制订和实施，这一点似乎无损于德国内部反对派的正面形象，但是对英国政府内部有关德国的基本印象有着重大影响。这两个结论使得盟军谈判代表对于希特勒政府内的反对者们可能抱有的一丁点信任也荡然无存了。对于先前的秘密接触，英

国新首相丘吉尔有所耳闻，也持肯定态度。然而，新首相和英国政府的其他领导人决定，在德国政府内发生政变之前，终止一切谈判，如果德国政府真的变天，英国人自有良策。 32

第三章

# 西线战事：1940年

## 作战计划

希特勒原计划于1939年深秋从欧洲西部发动战争。将进攻时间推迟到1940年春，对于攻势有三大影响：一、德国人实际利用这段时间纠正了此前在波兰战役中暴露出来的问题，而同一时间，法国、英国都未能吸取教训；二、德国希特勒政府内部的反对派（尤其是武装部队最高统帅部情报部门的奥斯特上校）多次警告盟军，指出希特勒即将发动战争，结果，最后一次精准的预警出人意料地遭到了无视；三、德国利用这个时间间隔对进攻计划做出重大调整，而法、英两国没有相应调整其对策，给盟军造成了重大伤亡。

早在1938年5月，希特勒就对他的军事顾问们说，德军将从低地国家向西方发起攻击。1914年爆发的第一次世界大战中，德国首先入侵的就是比利时和卢森堡。按照原先制订的1939年作战方案，这次除了比利时和卢森堡，还将入侵荷兰。德军将在

右翼部署重兵，但主要作战目的是要夺取港口和基地，以备后期 33
对抗英国，而不像1914年的战斗计划那样，以包围法国军队为其主要目的。其间，荷兰、比利时政府由于害怕激怒德国，一直拒绝配合法国、英国制订防御方案。盟国不得已，决定在低地国家遭受进攻以后，出兵支援它们。盟军从一架坠毁的德军飞机上的一名军官身上搜得德军进攻令，他们据此推定德军会按照原计划部署、调动部队。由于低地国家拒绝配合，盟军不得不把最好的机械化部队派上前线，才有可能阻止德军攻入法国。此外，本着御敌于国门之外的指导原则，法军总司令甘末林将军决定命令法军实力最强的预备队，即陆军第七军，进驻荷兰，布防在之前派去协防中立国的部队的左侧。这样似乎还没能抽光法国在紧急情况下可以调动的军队，于是甘末林将军接着下令，将一半法军派往数年来沿着法德边界构筑的马其诺防线布防。

不料，德军推迟了进攻时间，改变了作战计划。他们不在进攻部队的右翼安排重兵了，而决定通过袭击阿登高地，直插英吉利海峡，切断可能驰援荷兰、比利时的所有法、英部队的后路，然后多管齐下，迫使荷兰、比利时无条件投降。德军使用的手段包括：赶在荷、比战略要地没有及时设防之前，利用空降部队闪击占领；让身着荷兰军服的德军士兵迷惑荷军的防御；对城市进
行狂轰滥炸，对平民大开杀戒，以重创其军民的斗志。 34

## 德军在西线的胜利

德国军队于5月10日发起进攻，伞兵快速占领比利时的要塞，装甲集群和机械化步兵在阿登高地突破防御，抢先渡过5月13日先头部队已经抵达的默兹河。坦克和机械化步兵如入无人

之境，于5月20日夜间，直达英吉利海峡。此时，荷兰已经无条件投降，荷兰政府迁至伦敦，鹿特丹的大部分毁于德军空袭。正因为德军对他国城市狂轰滥炸，英国决定解除对其皇家空军的限制，允许其以牙还牙，轰炸德国城市。盟军阻止德军突破的努力失败了，主要原因是法军防御力量部署不当，西方盟军之间、法军内部的指挥系统混乱得无可救药。比利时虽然动员了大量的军队，也进行了不少有效的抵抗，但仍于5月28日无条件投降。这进一步削弱了前来救援的盟军的士气，因此被穿插进英吉利海峡的德军切断了退路。

法军指挥官试图在法国北部已经取得突破的德军前方重新组织一条防线。前线德军陆军指挥官伦德施泰特将军非常担心法军这一手，如果出现那种情况，就会和第一次世界大战一样，德军将被迫在绵延几百英里长的战线上展开阵地战。因而在5月24日，在征得希特勒的批准之后，他命令正在向英、法控制下的港口进军的装甲部队停止前进，人员休整、维修装备，为下一步突破法军重新组织起来的抵抗前线做好战斗准备。此前，德国空军在陆军的推进过程中起到了重要的协同作用。空军司令戈林保证说，他的空军有能力消灭孤立无援的盟军部队，希特勒对此也寄予厚望。正因盟军有效的抵抗，各方广泛动员船只，与
35 从本土起飞的英国空军相互配合，加上德军装甲部队临时停止推进，困在敦刻尔克的二十多万英军和十几万法军才得以撤退到英国，保住了有生力量。他们被迫丢弃了装备，但是，英军的精锐毕竟还在。

法军新统帅魏刚将军尝试组建新的防线，希望从北部撤出的部队在英国重新装备、重新组织以后，能杀回来增援。然而远

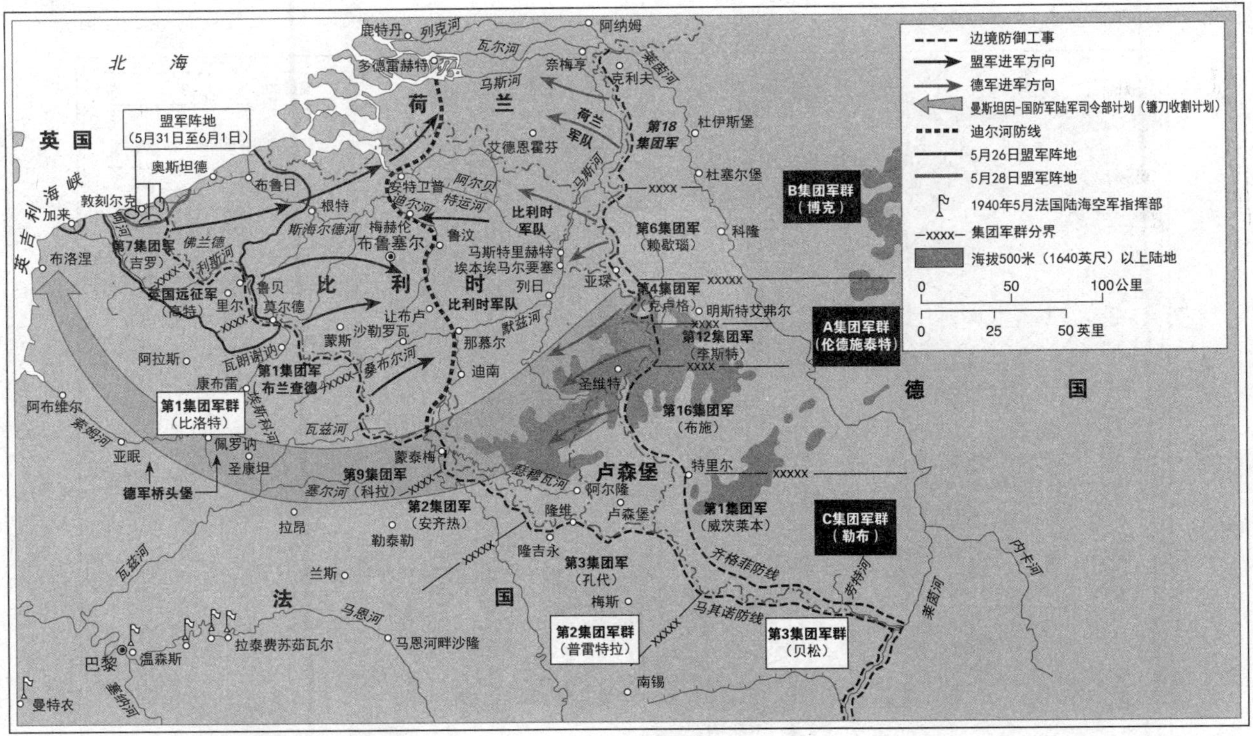
边境防御工事
盟军进军方向
德军进军方向
曼斯坦因-国防军陆军司令部计划（镰刀收割计划）
迪尔河防线
5月26日盟军阵地
5月28日盟军阵地
1940年5月法国陆海空军指挥部
集团军群分界
海拔500米（1640英尺）以上陆地
0 50 100公里
0 25 50英里
北 海
英 国
英吉利海峡
盟军阵地
（5月31日至6月1日）
荷 兰
比 利 时
卢森堡
德 国
法 国
B集团军群
（博克）
A集团军群
（伦德施泰特）
C集团军群
（勒布）
第1集团军群
（比洛特）
第2集团军群
（普雷特拉）
第3集团军群
（贝松）
第18集团军
第6集团军
（赖歇瑙）
第4集团军
（克卢格）
第12集团军
（李斯特）
第16集团军
（布施）
第7集团军
（吉罗）
英国远征军
（戈特）
第1集团军
（布兰查德）
第9集团军
（科拉）
第2集团军
（安齐热）
第3集团军
（孔代）
第1集团军
（威茨莱本）
荷兰军队
比利时军队
比利时军队
德军桥头堡
齐格菲防线
马其诺防线
鹿特丹
列克河
阿纳姆
瓦尔河
多德雷赫特
奈梅亨
克利夫
莱茵河
马斯河
艾德恩霍芬
杜伊斯堡
杜塞尔堡
科隆
奥斯坦德
布鲁日
敦刻尔克
加来
布洛涅
根特
安特卫普
阿尔贝特运河
迪尔河
梅赫伦
布鲁塞尔
鲁汶
马斯特里赫特
埃本埃马尔要塞
亚琛
列日
明斯特艾弗尔
斯海尔德河
佛兰德
利斯河
鲁贝
里尔
莫尔德
让布卢
沙勒罗瓦
蒙斯
那慕尔
默兹河
迪南
桑布尔河
阿拉斯
瓦朗谢讷
康布雷
埃斯科河
圣维特
阿布维尔
索姆河
亚眠
佩罗讷
圣康坦
瓦兹河
蒙泰梅
塞尔河
慈穆瓦河
阿尔隆
卢森堡
特里尔
隆维
隆吉永
拉昂
勒泰勒
兰斯
梅斯
南锡
萨特河
莱茵河
内卡河
马恩河
马恩河畔沙隆
拉泰费苏茹瓦尔
巴黎
温森斯
塞纳河
曼特农

图3a 法国沦陷

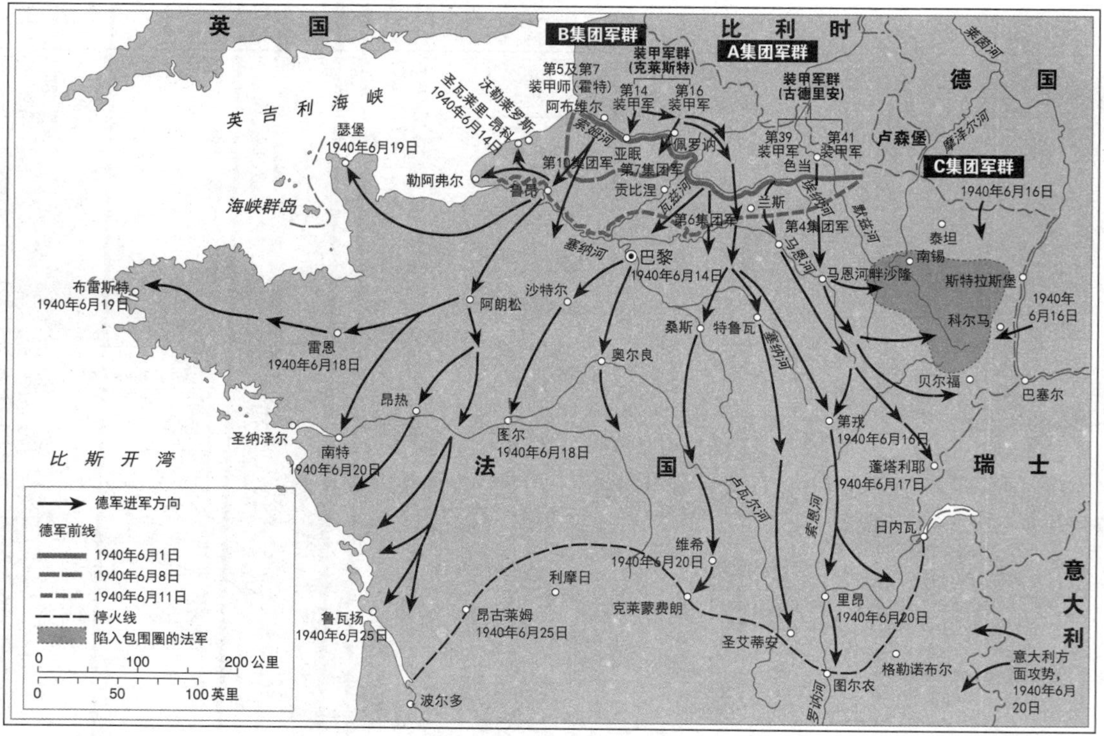

英国
英吉利海峡
海峡群岛
比利时
德国
卢森堡
瑞士
意大利
法国
比斯开湾
B集团军群
A集团军群
C集团军群
装甲军群（克莱斯特）
装甲军群（古德里安）
第5及第7装甲师（霍特）
第14装甲军
第16装甲军
第39装甲军
第41装甲军
第10集团军
第7集团军
第6集团军
第4集团军
莱茵河
摩泽尔河
默兹河
埃纳河
瓦兹河
索姆河
马恩河
塞纳河
卢瓦尔河
索恩河
罗讷河
阿布维尔
亚眠
佩罗讷
色当
贡比涅
兰斯
沃勒莱罗斯
圣瓦莱里-昂科
1940年6月14日
勒阿弗尔
鲁昂
瑟堡
1940年6月19日
巴黎
1940年6月14日
沙特尔
阿朗松
布雷斯特
1940年6月19日
雷恩
1940年6月18日
昂热
南特
1940年6月20日
圣纳泽尔
图尔
1940年6月18日
奥尔良
桑斯
特鲁瓦
马恩河畔沙隆
南锡
泰坦
斯特拉斯堡
科尔马
1940年6月16日
1940年6月16日
贝尔福
巴塞尔
第戎
1940年6月16日
蓬塔利耶
1940年6月17日
日内瓦
维希
1940年6月20日
利摩日
克莱蒙费朗
昂古莱姆
1940年6月25日
鲁瓦扬
1940年6月25日
波尔多
圣艾蒂安
里昂
1940年6月20日
格勒诺布尔
图尔农
意大利方面攻势，1940年6月20日
德军进军方向
德军前线
1940年6月1日
1940年6月8日
1940年6月11日
停火线
陷入包围圈的法军
0
100
200公里
0
50
100英里


图3b　法国沦陷

在这些可能实现之前，德军已于6月5日开始对防线展开攻击。经过几天的残酷战斗，德军突破了防线，于6月14日攻占巴黎，然后马不停蹄，继续推进。虽然有几支法军部队英勇抵抗，可是，有心杀敌，无力回天。6月份的那几天，德军部队开始屠杀来自法属非洲殖民地的士兵，即使他们已经投降。德军的道德标准从波兰战役中的“排水沟”水平进一步堕落到随后战役的“下水道”水平了。

在德军于西线取得速胜的情况下，世界各国政府不得不审时度势、重新站队。墨索里尼认为，在这场显然已成定局的战争里，意大利若要分一杯羹，此时不和德国并肩作战，共同对付法、英两国，更待何时？虽然意大利并没有做好大打的准备，墨索里尼还是对“一战”中的盟友们宣战了。意大利军队在阿尔卑斯山地区对法军发动了一次小规模进攻，在非洲北部、东北部也发动了零星战斗。佛朗哥已于1939年4月完全征服了西班牙，此时也在考虑站到德国一边，但他希望在开战前而不是开战后才确保西班牙将获得的利益。他愿意给德国提供多方面的协助，但不管是当时还是后来，他都没能从希特勒口中得到绝对保证，允许佛朗哥控制他想得到的那些地盘，所以佛朗哥让西班牙保持名义上的中立。 38

苏联原本愿意协助德国占领挪威，也积极支持德国在欧洲西部的战争。由于战局顺利得出乎意料，莫斯科政府认为，时候到了，该收取《苏德互不侵犯条约》中应允给苏联的好处了。苏联马上出兵，攻占、吞并波罗的海三个国家，三个国家内尚存的有德国背景的人获准离开。苏联再次对芬兰施加压力，罗马尼亚也被迫割让比萨拉比亚地区全境和布科维纳的一部分。如前所述，苏联占领了立陶宛全境，包括之前约好了给德国的那一片土地。莫斯科与柏林就双方对于芬兰的索求、对罗马尼亚的领土各分多少争执不下，好在这些问题后来由双方通过外交谈判得到解决，没有大动干戈。斯大林未能明白的关键是，苏联的所作所为使得德国政府在实施最新做出的决定时不再犹豫不决。

和1914年第一次世界大战期间一样，法国政府机关迁至波尔多，但是以贝当和赖伐尔为首组建的新的领导集体决定让法国从大战中脱身，而不是动用其在法属殖民地尚未启用的舰队继续打下去。他们通过西班牙提出停火，希特勒也乐于同意，提出停火条件，因为希特勒当时无法攻占法属殖民地，也不希望法国舰队参加战斗。他想当然地认为，英国将被轻松击败；在后文中我们也将看到，希特勒早在1940年就有意移师东方，准备入侵苏联。在这种情况下，他约束了墨索里尼对法国的索求，满足于占领包括英吉利海峡及大西洋沿岸在内的法国大部，暂时不去占领贝当所控制的无险可守的残存国土。贝当希望在德国主导的欧洲里，他能在法国内部实行独裁制度。德国向来不想与贝当领导的法国新政府展开任何合作，但这并没有让贝当灰心，他向那些留在未被占领的法国领土上，以及忠于他在旅游胜地
39 维希成立的新政府的法属殖民地的法军下令，永远不与德军、意军、日军为敌，永远只和英军、法军以及日后可能介入战争的美军作战。1940年6月24—25日夜，德法停战协定和意法停战协定正式生效，德军俘虏了一百多万法军士兵。少部分法国人追随不久前刚刚提拔的戴高乐将军所组建的后来被称为“自由法国”的政府。随后几个月，中非和南太平洋的几个法属殖民地表态，服从“自由法国”政府的领导，维希政权则安排将比利时的

黄金储备从西非移交给德国人。

英国政府竭尽全力劝说法国继续抵抗，丘吉尔本人也亲自出马。之前两国签过协议，规定不得单方面媾和；伦敦政府极力主张，在此非常时期，英、法两国政府应该合二为一，但法国戴高乐政府压根儿不愿考虑这个方案。在此存亡危急之际，英国政府仓促做出决定，他们将以英国本土为基地，和德国、意大利作战到底，如有必要，整个大英帝国（包括英联邦成员国）都将参与其中。从敦刻尔克成功撤出大量职业军官和无数士兵，使得英国的信心更加坚定，这种信心又得到了大后方的坚定支持——德国对英国本土的轰炸非但没有削弱，反而坚定了英国民众的抵抗意志。英国政府预料德国将会发动入侵，所以动员上了年纪的男性组成本土卫队以协助保家卫国，还批准英国皇家总参谋长迪尔的提议，授权对登上英国海岸的德军使用毒气。为了防止德国占领英国本土岛屿的全部或局部，英国政府将其黄金和外汇储备转移到了加拿大的多伦多和蒙特利尔，万一德军占领英国，英国准备在德占区打游击战，政府将在加拿大继续指挥抵抗。 40

温莎公爵（原来的爱德华八世）当时可能打算扮演贝当在法国的角色，第一次世界大战期间的首相劳合·乔治也希望效法赖伐尔，对德妥协。但是，三个英国政党组成的内阁希望多头并举，最终击溃德国，这些措施包括轰炸、封锁以及派遣远征军，支持德国攻占的国家和地区民众的武装抵抗，因为德国占领军必然会掠夺、剥削占领区的人民，而哪里有压迫，哪里就有反抗。温莎公爵被外派到巴哈马群岛，劳合·乔治在议会孤掌难鸣。7月19日，当希特勒提议讲和的时候，伦敦已经做出所有的重大决定，外交大臣哈利法克斯勋爵公开宣布，拒绝与德国议和。

早先，英国政府坚持，如果法国政府拒绝承诺不单方面与德国媾和，就必须将其海军舰队的战舰开到英国港口停放。维希政府拒绝了这个提议，英国随即解除法国战舰的武装，在北非的法国军舰拒绝开往法属西印度群岛以后，英国海军将它们全部击沉。法、英联盟就以这种不愉快的方式解体了。英国政府不能寄希望于法国或德国不征用那些军舰的承诺，如果德军将法军舰船和意大利、德国原有的舰队合在一处，英国难以招架。从这个意义上说，挪威战役中对德舰的毁伤至关重要。另外，由于德国计划入侵英国，因此制空权对德国来说——正如同1944年盟军的立场——同样极其重要。



## 美国的反应

1940年春天和夏初，西欧的炮火连天对美国影响巨大。当年恰逢美国总统大选，罗斯福总统原先表示不再谋求连任，现在
41 他改变了主意，决定继续参选，争取第三届任期。同时，他采取了一个空前绝后的做法，将共和党内的杰出人物吸收进他的政府担任高官，组建了“联合”政府。美国的中立政策基本没有变化，虽然就此发生了无休止的激烈争论，而且日后还会有更多。早在1938年末，总统就曾呼吁建立一支名副其实的空军。隔着太平洋和大西洋，美国仍然能感受到法西斯的巨大威胁，罗斯福总统呼吁国会批准拨款，兴建“两洋海军”，这个提案于1940年7月付诸国会表决。当年秋天，国会高票通过提案，批准建立一支强大的陆军，并首次颁布和平时期的征兵令。虽然这支陆军在一年后差点解散，但它确实开始发展，并获得了少量现代武器。

法国和英国之前向美国工厂订购了大批军火，现在英国接过了法国的订单。美国修订后的《中立法案》条款规定，这些军火销售必须“一手交钱，一手交货”，随着发货越来越多，英国人手里的现金急剧减少，这迫使丘吉尔首相于1940年年底向罗斯福总统提出请求，后者转而向国会提议制定《租借法案》；1941年3月，该法案获得通过。

1940年夏天，罗斯福总统的顾问们对英国能否挺住，心怀忐忑，总统本人则坚信英国能挺住。他在联邦法律许可的范围内，向苦苦挣扎的英国提供援助。罗斯福命人将“一战”结束后剩下的武器送给英国，用来武装其国防军。在罗斯福总统的亲自安排下，美国用50艘超期服役的驱逐舰换得英国在西半球拥有的军事基地的99年租借权。他向国人展示，在此千钧一发之际，此举将大大提高美国的安全感。围绕这个问题以及其他相关问题，美国国内争论不断，尽管如此，在1940年11月的总统大选中，选民们还是把票投给了罗斯福，他得以第三次当选总统。一个美国总统连任三届，这是史无前例的。美国民众从新闻片和无线电广播中了解到德国企图夷平英国，德国的这个野心从某种意义上反而促使美国人民支持政府向英国提供援助。 42



德军在战场上取得的胜利促使其调整军事决策，对其国内的形势影响巨大，最大的影响是将公众紧密团结在纳粹政权周围。第一次世界大战持久而血腥的战争场面仍然历历在目，而这次似乎没花多大代价就如此快速地取得彻底胜利，德国民众因此信心大增，而这点非常有利于纳粹政权的统治。纳粹政权除了对公众有着如此大的影响力，对德国军方也是如此。希特勒平时会给陆海空三军的高级军官秘密发放免税的高额工资，以此笼络人心，这次对法国作战胜利之后，将军、元帅们纷纷加官晋爵，他们对希特勒的判断力更加推崇。德国军民原本就对希特勒政权给予很多支持，现在则被胜利等同于希特勒个人的热情进一步加强了，如果不考虑这个因素，就很难理解为什么“二战”后期德国军民空前团结。

## 德国决定入侵苏联

早在德国与法国签署停战协定之前，希特勒与陆军参谋长哈尔德将军就已经开始策划入侵苏联了。在欧洲西部战线取得胜利，在他们看来就是为了解除后顾之忧，然后挥师向东，入侵苏联，扩大生存空间。原先希特勒打算把进攻苏联的时间定在1940年秋天，并于年底顺利结束战斗（这一点后面还将详述），但是德国领导人还必须应付英国的顽强抵抗。德国计划动用几十万士兵、成千上万匹战马，从英国南部海岸选定的滩头登陆、攻入英国。德国甚至已经提前印发了一份攻入英国后将要逮捕的人员名单，也已经提前确定了伦敦警察局长的人选。德国空军将确保制空权。

6月末至9月上半月的“不列颠之战”中，德国遭遇首场大
43 败。虽然交战双方伤亡惨重，皇家空军仍在不愿订立城下之盟的英国人民的鼎力支持下，苦苦支撑。张伯伦政府订购的轰炸机现由空军元帅道丁统一指挥，加之雷达、侦察机、防空炮火的配合，到1940年9月中旬，英国空军显然没有被击垮。随后，英吉利海峡天气突变，任何入侵行动都无法展开。既然当年无法跨海登陆进攻，整个冬天，德军都在对英国城市狂轰滥炸，造成重大财产损失和人员伤亡，但这丝毫没有摧垮英国军民的士气，

反而进一步激励了正在重新组织、重新武装的英国陆军，他们组织了一些突击队，对德军控制的欧洲海岸线进行偷袭。看到英国飞机“轰隆隆”飞过头顶，先是轰炸准备渡海攻击英国的德军滩头部队，继而轰炸德国本土目标，德占区的很多人开始心怀希望，或许有一天，他们被敌人强占的房屋财产能够物归原主。

如果说德军在“不列颠之战”中的失利迫使希特勒将入侵英国的时间推迟到1941年，那么则有一些其他问题迫使他推迟了原定于1940年入侵苏联的计划。大量德国部队不得不从德国西部调动到东部和已经占领的波兰。武器装备必须得到修复、添置，西线战场上损失的人员要补充，损失的飞机、坦克以及其他武器也要补充。即将有大批德军部队驻扎在东部地区，这里也将是德军向东推进的后方补给基地，所以必须大大改善运输、储存设施。到1940年7月底，希特勒认识到，等到必要的准备工作完成，冬季就将到来，由于难以在1940年发动仅持续一个季节的战役，于是这场入侵行动也只好推迟到1941年春季了。预期中的速胜将挫伤英国人的锐气，给日本人在东亚的推进打气，从而分散美军在欧洲的兵力，直到德国人做好打击美国的一切准
备工作。德军为东部战役所做的准备工作到1940年8月为止都 44
相当顺利，这些内容，我们将在第四章详细介绍。1940年8月，属于这些准备工作一部分的外交活动已经对国际局势产生了影响。德国对芬兰的政策突然来了个一百八十度大转弯，如今希望芬兰协助德国进攻苏联，而不愿看着芬兰被苏联吞并。匈牙利与罗马尼亚之间的领土争端也被德国解决，德国立即为罗马尼亚提供安全保证，派兵进驻罗马尼亚，并要求罗马尼亚派兵参与入侵苏联的行动。

苏联领导层注意到了德国这些政策上的调整，遂于11月派外交部长莫洛托夫去柏林，准备拟定一份新的协定，结果一无所获，但斯大林仍然拒绝相信德国会进攻苏联。1940年12月，苏联情报部门获取了一份希特勒下达的进攻手令；希特勒的一个反对者也将这份手令的纪要交给美国人，罗斯福总统于1941年2月又将该纪要转交给斯大林。但这两份情报都没能让苏联领导人斯大林警醒起来，他下定决心继续向德国供应战略物资，坚决不向全国武装部队发出警报，对于德国从1940年10月开始对苏联的空中侦察亦不予理会。

## 非洲与中东的战争



在德军轰炸伦敦、着手准备进攻苏联之际，墨索里尼正指挥意军在北非进行小幅活动。在非洲东北部，意军占领了英属索马里兰这块不大的殖民地。其后，驻扎在厄立特里亚、意大利控制下的索马里兰及埃塞俄比亚的意军，没有抵挡住英军于1941年2月从肯尼亚发起的进攻。意军大败，或被俘，或被孤立包围在一个个营地。流亡皇帝海尔·塞拉西回到亚的斯亚贝巴，1941年4月，罗斯福总统宣布红海不再是交战区域，所以，为驻埃及的英军运送给养的美国运输船可以绕道好望角，在苏伊士
45 运河卸货。美国总统也为中东地区的英军开辟了一条始于非洲西海岸塔科拉迪、穿越效忠戴高乐的法属非洲殖民地的空中补给线。

与此同时，意大利再次遭遇了一系列失败。之前，德国人明确告诉墨索里尼，不希望巴尔干半岛出现动荡。墨索里尼得知德国正在派军队前往罗马尼亚，他判断德国此举是要先下手为

强，防止其他国家（不管是苏联还是意大利）在这个地区坐大。为了凸显意大利的地位，墨索里尼于1940年10月底下令攻入希腊。德国之前出兵罗马尼亚没有知会罗马，这次墨索里尼进攻希腊，也没有事先和柏林打声招呼。区别在于，罗马尼亚人很乐于和德国人并肩作战，打击苏联，以便夺回被苏联割去的领土，或许还能多得到一点土地；而希腊人则不然，他们不愿当亡国奴，对意大利入侵者奋起反抗。英军于1941年3月在马塔潘角战役中击败了意大利舰队，但是，这次英国并没有给希腊提供多少援助。希腊军队独自作战，把意大利人赶回了阿尔巴尼亚（意大利已于1939年占领了阿尔巴尼亚）。此外，北非的意大利军队也在节节败退。



驻利比亚的意大利军队和打入希腊的意军一个德性，指挥无方，战备不足。他们突入埃及不远，就止步不前，而此时英军正在集结。丘吉尔冒着英国本土防御变弱的风险，坚持向埃及增兵，补充装备。1940年11月11日，英国战机击伤了意大利海军停泊在塔兰托港的军舰，让意大利海军无法在地中海发挥作用。12月9日，英军对驻埃及的意大利军队发动突然袭击，将其击败，向前推进60英里，到达埃及和利比亚边界。1941年1月初，英军再次发动攻击，当月和2月，在贝达击溃意军，俘获十多
万人。英军进攻的步伐在埃尔阿盖拉暂停了，由于德军为营救 46
其盟友意大利做出的一系列策应动作，英军只好采取因应措施，放弃于1941年占领利比亚全境这一计划。

意大利在希腊和非洲的失利给德军统帅部出了两道难题。照这样下去，意大利将失去所有殖民地，墨索里尼政权可能倒台。对此，希特勒很担忧，再次提出派遣远征军前往利比亚协

助。这个建议希特勒以前就提过，遭到墨索里尼的拒绝，这次他接受了，这就是德国非洲军团的由来。非洲军团由希特勒的爱将隆美尔统领，于1941年2月被派往北非守卫利比亚，准备深入埃及。

在柏林看来，意大利局势的另一个危险之处在于，英国战机很可能从希腊基地起飞，进攻罗马尼亚的油田，而那些油田对于德国的战争行动至关重要。德国应对的上策是德军从保加利亚或南斯拉夫南部向希腊发动进攻，而希腊恰恰是从这个边境地区抽走军队去抗击意大利入侵的。德军估计征得保加利亚同意的难度不大，事实果然如此。德国开出的条件是，事成之后，割让一片希腊领土给保加利亚，以便保加利亚在爱琴海有个出海口，而且这片土地本来就是保加利亚在第一次世界大战中失去的。有一段时间，看起来德国也可以和南斯拉夫达成类似协议，但是1941年3月27日，贝尔格莱德发生了一场政变，推翻了原先与德国签约的政府，所以协议流产，随即希特勒下令同时进攻希腊和南斯拉夫。



在1941年4月6日这个星期天，希特勒对南斯拉夫首都贝
47 尔格莱德进行大规模轰炸，并快速挺进南斯拉夫和希腊。入侵南斯拉夫不仅仅是为了征服它，另一个目的是防止出现第一次世界大战中出现的情况，即该国向南部大幅撤军。德国向意大利、匈牙利和保加利亚许诺，事后每个国家都能分得一块土地（后来德国也吞并了其中一部分），成功地迅速结束了战斗。然而，这个地区的局势不像德国人希望的那样安定，占领区的持续抵抗迫使德国和意大利于随后几年必须在那里保持一定数量的驻军。德军还成功揳入希腊北部，驱逐了早先驻守那里的小股

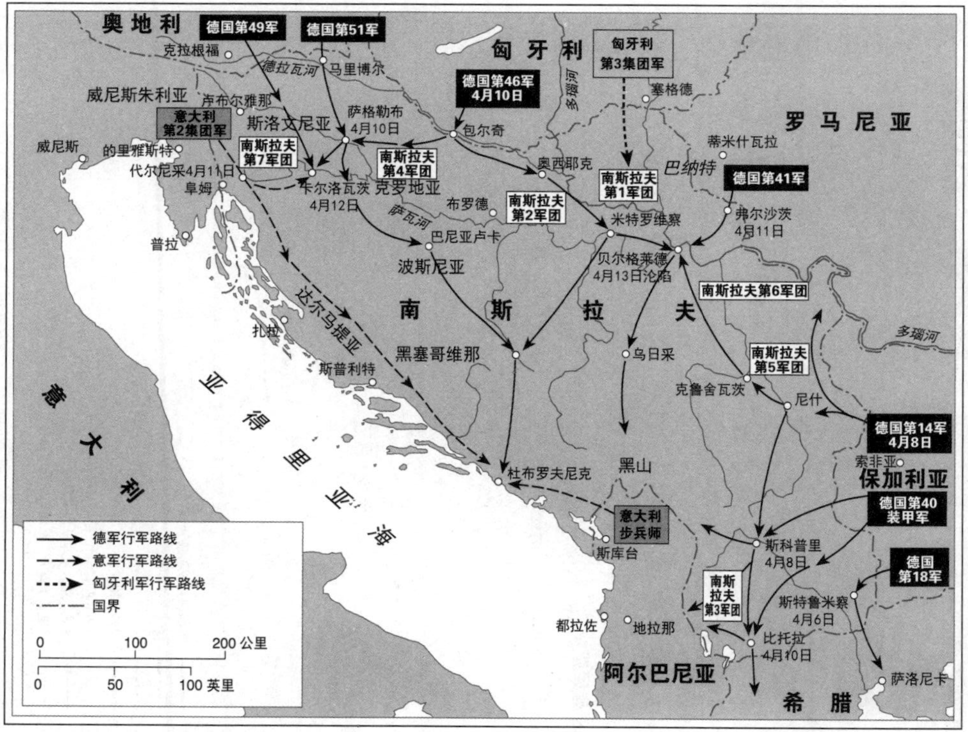


图 4a　南斯拉夫战役

48

49

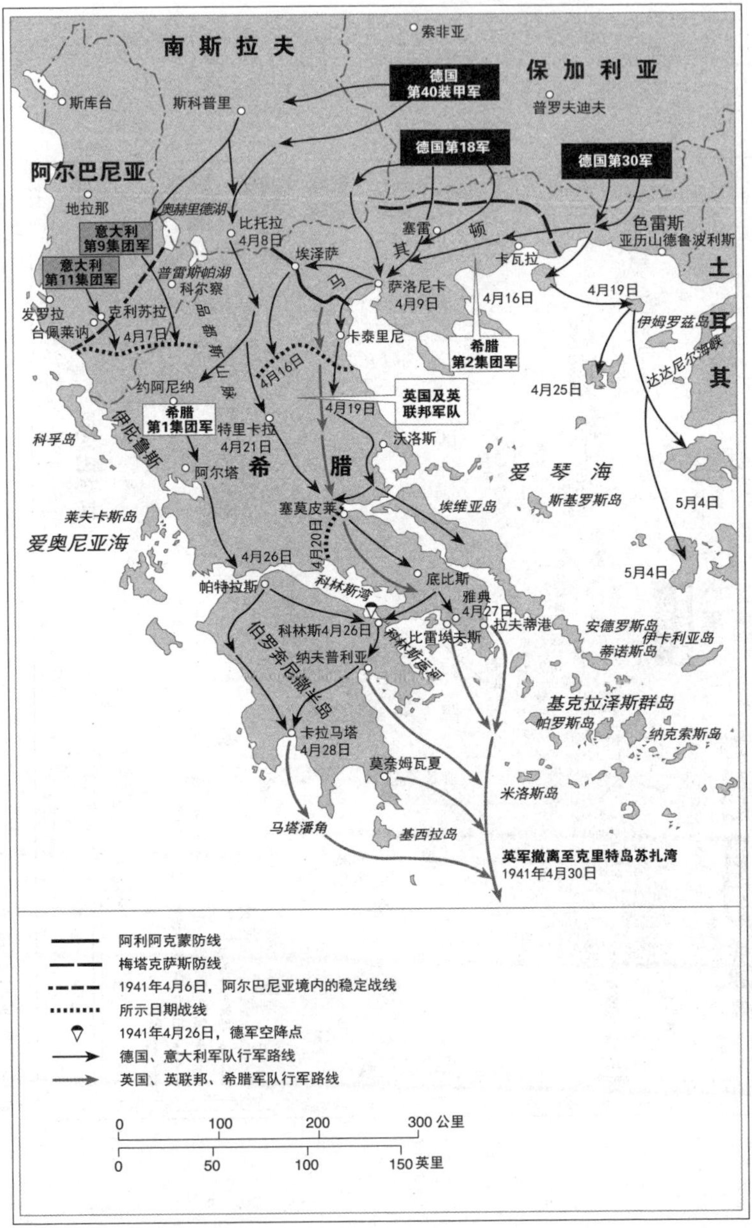


图4b 巴尔干半岛战役

英国军队。空中优势、装甲部队快速推进、在战略要地实施空降，使得德国相当顺利地占领了希腊全境。

征服希腊以后，德国就具备了进攻克里特岛的条件。虽然英军顽强抵抗，但是德军空降部队与水面战舰联合作战，来势凶猛，顺利夺得该岛。和在敦刻尔克时一样，英军再次被迫撤出部队，但是此战中，德国伞兵损失惨重，德军统帅部因此下令，今后不得再使用伞降部队。德意联手进攻马耳他岛，对岛上的英国空军基地和潜艇基地来说是极大的考验，但是由于不再使用空降兵作战以协助夺岛，轴心国的夺岛计划难以实施。尽管向马耳他岛重新运送补给和武器装备的护航编队损失惨重，但这个小岛仍然是英军在地中海的军事行动基地。

在很短的一段时间里，战场形势好像倒向了轴心国。隆美尔于3月底在利比亚发动攻势，迅速将英军赶回埃及。但隆美尔无法占领港口城市图卜鲁格，英军把从希腊和克里特岛撤出的力量投入作战，遏制住了德国的攻势。然而，6月中旬，英军没能击败隆美尔指挥下代号为“战斧行动”的意法联军。4月，伊拉克爆发了一场同情轴心国的叛乱，5月被从印度开来的英军粉碎。伊拉克首相盖拉尼逃到德国。和巴勒斯坦阿拉伯民族主 50
义者侯赛尼一样，他希望德国帮助他将英军赶出中东，却压根儿没有想到德国或意大利的统治可能比英国还要残暴。德国能给伊拉克暴乱提供的有限帮助是通过法属托管地叙利亚进行运输的，对此，法国维希政府竭尽所能提供了协助。这一做法激怒了英国，英国遂于6月8日攻入叙利亚。和前一年未能抵挡住德军不同，驻叙利亚的法军抵挡住了澳大利亚、英国、“自由法国”和印度军队的联合进攻，直到双方于7月14日达成停火协议。此时德军正在全力进攻苏联，无法给法军提供实质性援助。在德军战略规划中，进攻苏联在前，占领中东在后，这个顺序绝对不能颠倒。英军认识到德军无意深入叙利亚腹地以后，遂将叙利亚交给戴高乐领导的“自由法国”。英军在伊拉克和叙利亚的胜利带来的一个重要结果是，向苏联运送补给的南方路线仍然控制在盟军手中，否则，他们定会受到轴心国从南面对高加索地
51 区施加的威胁。

第四章

# 巴巴罗萨计划：德国入侵苏联

## 制订进攻苏联的计划及种族大屠杀

1940年夏，虽然德国已开始为入侵苏联紧锣密鼓地做准备，但希特勒越来越清楚，准备工作进展太慢，他预期的速攻苏联的计划恐怕在1940年冬天来临之前难以实施了。1940年7月31日，他通知他的高级军事顾问们将于1941年春天发动对苏联的进攻。实际准备工作立即开展，比如改善东普鲁士和波兰德占区的交通、补给条件，以及从西部向东部运送部队。德军统帅部于1940年夏、秋以及1941年初几个月制订的作战计划基于如下两个假定，这些假定后来被证明几乎全是错的：一、战役将于1941年冬季到来之前结束；二、最初的猛攻将导致斯大林政权垮台。然而，1939年冬天苏联红军对阵芬兰的糟糕战绩掩盖了一个重要事实，即大量红军士兵在极端困难的条件下仍能坚持作战。苏军初期的表现使得德国及其盟友加强了对他们的低估。当德方带领前来访问的苏联代表团参观德军四号坦克的生产工厂时，苏联代表团要求参观一下德国生产“大”坦克的地方，虽然苏联人有所暗示，德国人仍然认为他们的四号坦克（也是他们武库中最大的坦克）在随后的战争中足以对付苏军的装
52 甲车和步兵。除此之外，德军还将使用缴获的大量法国坦克以及没收来的捷克坦克，也将使用德国制造的和抢来的其他国家制造的各种卡车。在即将发动的入侵战争中，运输线漫长，有限的道路路况很差，装甲车辆和卡车种类繁多，从而需要各种相应的配件和维修设备，但这些后勤保障问题当时未能引起领导人的足够重视。根据计划，速战速决、彻底击败苏联后的下一步，是挺进中东，用来替换补充的坦克将在击溃苏联后才送到东线部队手上，这些坦克已全部涂上了沙漠迷彩色。

入侵苏联的外交准备包括把芬兰和罗马尼亚拉上德国的战车。德国人正确地估计到，这两个国家都希望收复当初被迫割让给苏联的那些领土，等到打败苏联后，说不上还能多得到一些土地。中立的瑞典被说服允许德军过境往返于德国和被占领的挪威之间，以及允许这些德军从芬兰-苏联边界北端向苏联发动进攻。德军的一个集团军群将从波罗的海向列宁格勒开进，另一个更大的集团军群将从中部突入，目标是莫斯科及莫斯科以东，然后两支部队将会师。南部，第三个集团军群将在大量罗马尼亚军队的协助下，攻克工农业产出富饶的乌克兰，然后攻取石油产地高加索地区。

关于罗马尼亚在即将到来的战争中将发挥什么作用，希特勒亲自向罗马尼亚领导人安东内斯库解释了进攻的重要意图。1941年6月12日的会议上，有人问希特勒，罗马尼亚军队和德军势如破竹，占领的苏联领土上有那么多犹太人，将如何处置？

希特勒回答说，那些犹太人将被全部处死。在会议召开时，德国安全警察和身着制服的“秩序警察”以及其他一些部队正在为这项特殊任务进行广泛准备，他们将与作战部队一道行动，系统地、有计划地把苏联境内的犹太人统统消灭。进攻部队在快速 53
推进的时候遇到了一些局部困难和特殊问题，但在希特勒和陆军总参谋长哈尔德看来，德军节节胜利，这场战役的大捷指日可待。7月底，希特勒已经决定将消灭犹太人的范围推广到全欧洲。10月份，部队再度推进，11月份，激进的巴勒斯坦领导人侯赛尼深信，屠杀犹太人的计划将推广到全世界。

## 德国入侵苏联

1941年6月22日凌晨，德国出动三百多万军队、六十多万匹战马，约五十万罗马尼亚和芬兰军队，对苏联发起攻击。德国空军轰炸了苏联机场及少数已经升空的战机，头几天就击毁好几千架苏军飞机，取得了战役之初的制空权。斯大林的错误使得德军轻轻松松首战告捷。1937年到1939年间，苏联对将领的大清洗使得红军各层找不到足够的训练有素、经验丰富的指挥官。由于担心如果有部分地区被占领，国内的反对派会趁机兴风作浪，苏联将大量部队部署在边境线附近，结果，这些边防驻军极易遭到分割包围。1939年至1940年间，苏联通过吞并邻国领土向西拓展了国境线，旧的堡垒工事已遭废弃，但新的尚未修好。所以说，吞并邻国领土非但没能加强苏联的防御能力，反而大大削弱了它。斯大林不相信本国情报，也不愿相信英美提供的情报。德军入侵前数月，德国对苏联展开空中侦察，没有受到苏方的压制打击。德国发动地面攻击之初，在很多地方没有遇到任

54 何抵抗，因为斯大林担心，如果苏军抵抗，恐怕会招致德国报复。在这几种因素的共同作用下，德国装甲部队在前线北段、中段快速突破了苏军的主要防线。数十万苏联红军士兵缴械投降，大量苏军装备落入德军之手。这一连串的胜利让希特勒和陆军参谋长哈尔德将军认定，东部战役基本上在前六周内就已经画上了句号。

虽然德军取得了早期的战术胜利，但前两个月的作战中有几个特点也已经显现出了失败的端倪，而德军统帅部对此毫无察觉。技术方面，苏军开始投入使用的KV-1坦克和T-34坦克比德军的任何坦克都强大。当年秋天，德军下令研制性能更好的坦克，但是豹式和虎式坦克直到1942年下半年才投入作战，大量服役则是1943年的事。人员方面，德国人没有注意到在很多情况下，苏联红军作战顽强，他们有时候隐蔽在农村，德军枪杀的战俘和平民越多，越能激起红军拼死抵抗的决心。政治方面，有个关键事实一直到战争结束都没有改变——和“一战”中的尼古拉二世与临时政府不一样，苏联政权保持了对未被占领的国土的有效控制，就像亚历山大一世对抗拿破仑时那样。这意味着可以不断动员新兵投入战斗。工厂撤离，而之前设在乌拉尔地区的兵工厂可以继续生产武器，几年之内，所有的人员和武器损失都可以得到补充。与此同时，德国的战争动员能力和武器制造能力则在逐渐下降。

必须指出，即使在战争初期，德军及其盟友已在前线的南北
55 两端遭到了激烈的抵抗，原定攻占北部摩尔曼斯克港的德军未能如愿。说来好笑，德军遇到硬茬的地点在摩尔曼斯克西边较远的地方，两国当初结盟的几年间，苏方曾允许德军在那里经营

芬兰
瑞典
芬兰湾
波罗的海
拉多加湖
列宁格勒
列宁格勒方面军
第18集团军
塔林
爱沙尼亚
沃尔霍夫河
北方面军
西北方面军
伊尔门湖
普斯科夫
第18集团军
第4装甲集群
第16集团军
里加
西北方面军
加里宁
莫斯科运河
拉脱维亚
克莱佩达
西北方面军
第16集团军
第9集团军
第3装甲集群
克林
莫斯科
第18集团军
立陶宛
第4装甲集群
西方面军
莫扎伊斯克
北方集团军群（勒布）
第3装甲集群
维捷布斯克
维亚济马
奥卡河
第16集团军
第9集团军
斯摩棱斯克
第4集团军
西方面军
奥尔沙
图拉
第9集团军
第2集团军
明斯克
预备队方面军
第2装甲集团军
比亚韦斯托克
第2装甲集群
莫吉廖夫
布良斯克
中央集团军群（博克）
西方面军
第4集团军
奥廖尔
维斯图拉河
第4集团军
布列斯特
中央方面军
第2集团军
库尔斯克
顿河
第6集团军
杰斯纳河
第6集团军
普里佩特沼泽地
西南方面军
基辅
罗姆内
第6集团军
西南方面军
第1装甲集群
利沃夫
第1装甲集群
哈尔科夫
西南方面军
第17集团军
顿涅茨河
南方面军
第17集团军
第聂伯河
克列缅丘格
喀尔巴阡山脉
乌曼
匈牙利军队
南方集团军群（伦德施塔特）
南方面军
第1装甲集团军
顿河
匈牙利
第17集团军
第11集团军
顿河畔罗斯托夫
罗马尼亚第3集团军
敖德萨
亚速海
克里米亚
刻赤
罗马尼亚第4集团军
第11集团军
罗马尼亚
塞瓦斯托波尔
布加勒斯特
多瑙河
黑海
1941年6月22日德军阵地
第11集团军 德军编队
大致前线
1941年7月10日
1941年7月16日
1941年8月25日
1941年11月12日
1941年12月5日
包围战区域
德国集团军群分界
苏联方面军（集团军群）分界
1941年6月21日国界
0 200 400公里
0 100 200英里

56

图5 巴巴罗萨行动

海军基地。还有，虽然芬兰军队快速突破了依据1940年3月缔结的和约割让给苏联的那部分领土，但是他们无法切断摩尔曼斯克通往苏联内地的铁路运输，也无法如约与向列宁格勒进攻的德军会师。战线南端，罗马尼亚军和德军向前推进了一段距离，但是，他们没有击溃正面防御的红军，突入乌克兰的速度也没有上级预料得那么快。

德军的北方集团军群攻占了立陶宛、拉脱维亚全境以及爱沙尼亚大部，但是在向列宁格勒推进的途中遭到红军阻击，进攻受挫。希特勒希望拿下列宁格勒，但不是通过巷战夺取，而是通过长期包围，困毙城内的百姓和守军。列宁格勒一旦被围城，就会出现大规模饥荒，但实际上，仍有补给通过拉多加湖的水面（冬天通过冰面）被运来。列宁格勒顽强抵抗，直到1944年1月完全解围。

战线中段，德军再次施展其“突破–包围”战法，将战线推至斯摩棱斯克以东。然而，苏联红军再次建立了一条连贯的防线；德军则放缓了脚步，原因是部队人困马乏，装甲部队和机械化部队都有损耗。红军不但得到大量增援，而且在局部反攻中（如叶尔尼亚小镇等地）或抵挡住德军的前进步伐，或将其逼回。显然，德军若要再次大规模挺进莫斯科，必须先修复铁路和公路，
57 以便从后方运来物资给养，补充前四个月的消耗。南部战线的德军和罗马尼亚军推进速度不及中线，这意味着在德军再度发动向莫斯科的进攻之后，南面侧翼容易受到威胁，而向东推进得越深，侧面所受的威胁越大。在中段进攻受到强大阻力的情况下，希特勒下令中线的德军向南，南部德军向北，南北对进。斯大林的军事顾问提醒斯大林提防德军这一手，建议后撤，以避

其锋芒，但是斯大林置若罔闻。这次战役后来被称为“基辅之战”，此战中，基辅失守，丢失了乌克兰的大片工业、农业区域，还损失了好几十万士兵。

10月，德军准备发动向莫斯科的大规模进攻，交战双方都不断得到国际支持。匈牙利加入德国方面，派出一支小部队，主要是担心罗马尼亚抢了功劳。墨索里尼也不甘落后，派出几个师加入南部战线，与德军并肩作战。克罗地亚和斯洛伐克傀儡政权也派出一些分遣队，而西班牙的独裁领袖佛朗哥派出了“蓝色师团”。这支部队在北线参战，后来迫于西方盟军压力撤了回去，取而代之的是人数少得多的“西班牙军团”。德军也在其所占领的欧洲地区招募志愿军，来自乌克兰、丹麦、挪威、法国的志愿者组成了多支外籍兵团。法国志愿兵组成所谓的“查理曼师”，最后于1945年协防柏林。还有很多乌克兰人和苏联红军的逃兵加入德军。

英国政府得知德国入侵苏联后，立即决定协助苏联。英国 58
迅速从马来半岛抽调了一些军事装备援助苏联，虽然数量不多，但却削弱了马来亚的防御力量。英军、苏军占领了伊朗，这样伊朗南北走向的铁路就可以用来运送援助物资。这条补给线前后运送了美国援助物资的四分之一（另四分之一经由北方摩尔曼斯克和阿尔汉格尔斯克两个港口运达，还有二分之一通过太平洋海运或者空运过来）。罗斯福总统比他的顾问们信心更足，坚信苏联一定能挺住；他派特别助理霍普金斯去莫斯科面见斯大林，评估整个战场局势，带回来的情况汇报让总统更加坚持自己的乐观估计。一开始，总统很难说服美国民众给苏联提供援助是正确的决策，但慢慢地，情况发生了变化。英国民众大大松了口气，如今不但又有了一个同盟国，而且，因为德国空军从轰炸英国转为支援东部的德国陆军，英国的压力小了不少。英国和美国派往苏联的外交官和军事代表从来没有享受过之前德国外交官与军事代表得到的优待，但尽管困难重重、牢骚不断，三国的军事联盟总算稳住了。

德军攻城略地的前几个月，苏联各地民众越来越清楚认识到了德国的主要政策，尤为重要的是，苏联其他地区的老百姓根据官方报道和小道消息，也慢慢知道了德军大量杀戮平民、屠杀医院和精神病院的病人，以及有计划地饿死战俘。有当地老百姓试图给战俘吃的、喝的，被德军抓到后遭到枪毙，这让苏联人马上认识到，他们面临着生死存亡的考验。德军新占领区的成年人和老者在第一次世界大战中大多经历过德军及其盟友的占领，他们立刻认识到，虽然之前的遭遇也很悲惨，但这次截然不同。不管当地人对纳粹德国的犹太人屠杀计划持什么态度，多数人心里都明白，等到犹太人被杀光之后，下面就轮到他们
59 了。乌克兰和波罗的海地区的很多人起初天真地以为，是德国人把他们从苏联人的统治下解救了出来，然而多数人逐渐认识到德国人的目标是抄没家产、灭绝种族。有些乌克兰人到死都不知道，尽管斯大林在对他们进行思想改造的过程中不择手段，但如今的希特勒所要的可是让他们从地球上彻底消失，代之以德国人。幸好，随着时间推移，越来越多的人清醒过来了。1942年春，德国人计算得出，在战争的前七个月里，德军扣押的苏军战俘有两百多万或被杀，或病死、饿死，一周七天，一天死去一万人，而所有这些都发生在当地人的眼前。知道这些统计数据的人不多，但是基本事实有目共睹。德国军队的暴行使斯大林的

形象从一个让人又恨又怕的独裁者变成了苏联人民心中的保护神和救世主。

## 1941年冬，东线战事

1941年的10月和11月，德国发动了向莫斯科的推进行动。德军在部分地区缓慢推进，但是这些最初的实质性进展被其他地方的止步不前抵消了。莫斯科的所有外国大使馆人员全部撤离，连破坏首都设施、转移安置政府部门的详细计划都已制订完成。无论如何，苏军稳住了前线，德军各部队不断损耗，而苏军得到了许多增援。战后，德军将领常在回忆录里抱怨莫斯科的雪有多厚、天有多冷，可是读者可能不知道的是，当时的天寒地冻对苏联红军何尝不是如此？但是，德军根本受不了这种严寒天气。关键时刻，英军在北非势如破竹，迫使德军将一支完整的空军大队转派到地中海地区，这进一步削弱了德军在东线的制空能力。



德军在中部向前缓缓推进，与此同时，苏联红军在南北两端
防线都取得了局部胜利。南方，德军前锋已经抵达高加索的大 60
门罗斯托夫。11月末，苏军发起一次反攻，把德军赶出罗斯托夫，将其逼退到原先的阵线以西。北方，抵达季赫温的德军原计划和芬兰军队会合，结果也被苏军击退。12月初，在莫斯科近郊的前线，苏军正准备大规模反攻，德军却停下了进攻的脚步。

根据苏联派到日本的间谍传回的情报，结合日本在中国东北没有明显增兵的情况，斯大林断定，日本真的要遵守4月份签署的《苏日中立条约》了。日本不但没有加入德军一方攻击苏联远东地区，相反，还计划调转枪口，进攻美国、英国和荷兰。这

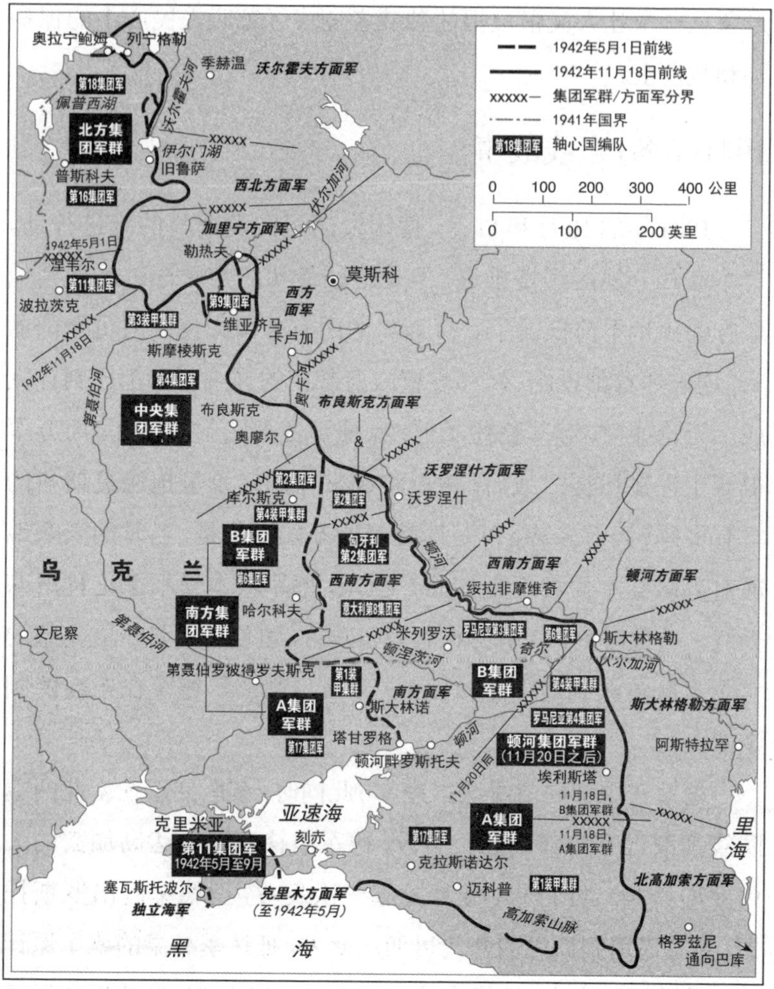


图6　1941年，苏德前线

就意味着苏联可以把驻远东的大部分部队调回欧洲，远东的边境部分用新组建的边防军接防。调回来的这些部队可都是在对日战争中经历了真刀真枪考验的，作战经验丰富。苏联红军得到自西伯利亚撤回来的师团的增援，所以于12月初突然袭击，反攻中部防线的德军疲惫之师。有些阵地上，德军士兵仓皇逃窜，有些阵地上则顽固抵抗，不过局势瞬息万变，苏方占优。苏军不仅迟滞了德军的进攻，还逼其后退。有几个地方，苏联红军甚至突破德军防线，大有反包围德军大部队并向西推进的势头。德军根本没有抵御苏联严寒的装备，人冻僵了，武器装备也失灵了。营养不良的战马无力拖动深陷雪地的辎重。然而由于两个主要原因，德军的失利并没有导致前线彻底崩溃。 61

前线的德军指挥官要求撤到易于防守的位置，其中有一位霍普纳将军就是这么做的。他保住了眼看就要深陷重围的大队人马，然而希特勒还是不批准一线部队的这个请求，并对霍普纳的撤退暴跳如雷。有人提醒希特勒，未经军事法庭正式审判，他无权解除霍普纳的官职，也无权剥夺他的薪俸和军籍，气急败坏的希特勒立即召集议会开会，剥夺所有德国人依法享有的程序权利。1942年4月，德国议会兴冲冲地召开纳粹统治期间的最后一次会议，通过了这项规定，不过这无助于缓解德军12月在前线所面临的危机。相反，希特勒下令，所有德军须固守阵地，组织反击，即使被包围，也不得退却。德军前线这才稳住阵脚，不过有两处（霍姆尔和德米扬斯克）例外，那里的德军被围困在岛上了。德国空军给被围部队空投补给物资，直到春天地面部队与他们恢复联系。一年后，更大一支部队在斯大林格勒被围，希特勒打算故伎重施，用同样的办法解脱困境。 62

中部德军能够坚守阵地免于灾难的第二大原因是，斯大林决定在前线的南北两端发动进攻，而不是在莫斯科正面战场的胜利后乘胜追击。就像当初希特勒低估苏军一样，这次斯大林低估了德军。苏联红军付出高昂的代价，只取得了一点小胜利，这给了德国人喘息之机，德军得以稳住中部防线的阵脚。这条战线极不稳定，一方面，它预示着德国征服苏联的美梦彻底破灭，另一方面，也预示着苏联人即将面临的是异常艰难的鏖战。1942年3月至4月，前线稳定一阵之后，战役再度展开，随后直到“二战”结束，苏德之间的多数战斗都在这里展开。

## 苏联的敌占区和非敌占区

前线苏军一侧，被疏散的工厂开始恢复生产，为苏联红军提供补给，尤其是武器和弹药。工作条件虽然艰苦，食物也日趋短缺，但工人们非常能吃苦。苏联又组建了大量的陆军部队，早先启动的释放“大清洗”中被囚禁的军官和将领的计划也扩大
63 了规模。和其他参战国不同，苏联征召了几十万妇女，她们有的被安排从事后勤保障工作，有的被安排走上前线直接参战，如加入红军飞行中队。游击运动总参谋部利用美国支援的一些运输机，为苏联德占区的游击队空投弹药、军官以及行动指令，以支持其抵抗运动。游击队的抵抗运动拖住了德国军队，令其分心照顾后方的安全秩序；每到关键时刻，游击队就破坏德军的运输和通信并搜集情报，同时，他们提醒生活在敌占区的群众，苏联政权早晚要杀回来的，他们最好放聪明点。



前线德军一侧，预先就成立了以罗森贝格为首的文官政府，在远离前线的后方运行。靠近前线的地区实行军事管制。不管是靠近前线还是远离前线的地区，都存在严重的经济剥削，还有不少人被抓到德国及其他地方充当奴工。所谓的反游击战争，实际上是动用后方军队和临时从前线抽回来的师团，大肆屠杀平民，焚毁村庄城镇，因为德军发现那些游击队员逃跑以后，总

能轻易招募到新人。苏联的集体农庄制度规定，政府有权优先拿走粮食，德国人非常喜欢这种制度，并把这个制度推广到了为数不多的还没有集体化的农庄。德国人也招到一些软骨头，包括从战俘中选拔的一些。这些战俘发现投降不失为免于饿死的一条生路。在少数几个地方，德国人小规模地尝试实施安置德国农民，以便不久的将来替代那些被他们视为劣等民族的斯拉夫人，但是推行这项实验的前后时间太短暂了。德国高官希望除了他们敬爱的领袖定期发给他们的贿赂钱以外，还能从东方得到大片地产的赏赐。大量普通德国人是否甘愿在帝国计划建立的武装农村定居下来，十分令人怀疑，他们很有可能在当地报纸上看到自己的名字已经上了强制安置名单。 64

德国将当初割让给苏联的那部分领土加上一部分乌克兰领土移交给了罗马尼亚，这片名叫德涅斯特河沿岸共和国的地方成了罗马尼亚殖民地。大量犹太人在此被杀，罗马尼亚官员也找到了机会中饱私囊。芬兰也拿回了1940年条约中割让出去的领土。芬兰政府希望卡累利阿这块地也归它的愿望不但遭到德国的拒绝（德国是打算连同芬兰一起吞并的，只是还没有告诉芬兰人而已），也遇到了来自美国的压力。和英国不同，美国尚未向芬兰宣战，不过，美国警告芬兰不要过分。

德军不能速胜让整个战局发生了很大变化。即使英国经受住1940年的打击未能灭国，很多德国人仍然认定德国必胜，其他国家的人则在发愁，如何才能彻底击败德国。如今情况不同了，有些德国人开始为战争结局担忧起来，而盟军则满怀期待。随着日本在东亚发动战争，美国和英国、苏联一起公开参战，人们由此更加坚信德国必败。 65

第五章

# 日本扩大侵华战争

## 日本决定扩大侵华战争

自1937年7月起，日本公然全面侵略中国。1938年1月，日本拒绝通过谈判解决问题，继续不断地对中国守军发动攻击。日本领导人没有意识到，正是日军在中国烧杀淫掠、无恶不作的种种滔天罪行，缓慢而逐渐地坚定了中国人民的抵抗意志，也让当时的国民政府受到了更多拥护。日本人认为，中国之所以能够坚持抗日，是因为有外国援助。不管是苏联通过陆路运来的，还是其他国家通过滇缅公路或法属印度支那的海防—河内铁路线运来的援助物资，中国人民都热烈欢迎，但中国人民坚持抗战的真正原因与此无关。不管有无外援，中国人民都会坚持抗日。因为日本人正专注侵华战争，所以德军于1940年4月、5月、6月接连取得的胜利在日本政府看来正是切断中国外援的天赐良机。

多年来，日本一直企图通过外交渠道迫使法国政府关闭海

防—河内铁路。如今，好像有了更好的方案，即干脆占领印度支那北部，从而切断这条补给线。法属殖民地所效忠的维希政府 66
同意了日本这一请求。1940年9月，当维希政府的部队努力让英国和“自由法国”远离法属西非的达喀尔时，日军不声不响地占领了印度支那北部。考虑到德国在法国北部得手后英国的危险处境，英国迫于日本的压力，将滇缅公路关闭了三个月。三个月过后，英国在“不列颠之战”中取胜，滇缅公路似乎可以恢复了，于是英国重新开通了这条运输线。

东京的领导人不需要德国人提醒也知道，荷兰、法国既然在欧洲战场一败涂地，那么这两个国家在亚洲的殖民地就成了日本帝国主义扩张的首选目标。此外，英国需要保卫其本岛免受德国入侵，还需要在中东抵抗意大利，这注定了英国很难保卫其在南亚、东南亚的大片殖民地，也很难顾及澳大利亚、新西兰这两处自治领。德国人向东京指出，此时不取新加坡更待何时？日本人回复，早有此意，奈何时机尚未成熟，到1946年再说。按照计划，菲律宾将于1944年获得完全独立，美国国会通过的法案规定，美国将于1946年放弃菲律宾的军事基地。德国政府明白，日本人所顾虑的不过是如果日本南下，美国人会在左翼形成威胁。既然德国早晚要和美国动手，他们便向日本承诺，只要日本发动对美国的打击，德国就和日本联手。到那时，德国就有了其梦寐以求但一直未能建立的强大海军站在它这一边，而美国国会批准建设的两洋海军尚未建成。1941年3月，日本外相松冈
洋右访问德国，希特勒当面重申了这一承诺。 67

日本政府内部的争论焦点在于发起攻击的时机，1941年6月德国入侵苏联以后，这种争论变得更加激烈了。日本于1940

年9月与德国、意大利签署了三方协议，但是日本并没有协助德、意进攻苏联，而是决定南下。日本人明白，苏联已到了生死关头，既不能趁日军南下的时候在背后偷袭，也不能继续给中国国民政府提供大量援助，便于1941年7月出兵攻占了法属印度支那的南部，这显然是将战略重心从中国战场转移到了荷兰、英国、美国控制下的东亚、东南亚及太平洋地区。日本政府内部一边继续争论，一边着手准备攻占马来亚、荷属东印度群岛、菲律宾、太平洋以及美国控制的其他岛屿。东京的领导人们没有想到，即使攻占了东南亚的油田、锡矿和橡胶园，也只是意味着日本人控制了这些宝藏，但日本必须用本国船只把这些资源运回日本本岛，而不能租用其他国家的运输船。对日本即将发动的战争来说，关键之处在于日本既没有做好准备充分利用自己的有限运力，也没有考虑到如何防止敌方潜艇的攻击。



在日本为下一步行动做准备、为即将占领的地区印制货币的时候，美国和英国正竭尽全力打消日本攻击它们的亚洲领地的念头。苏联人直到被德国进攻前几分钟还在向德国提供各种战略物资，美国政府则不然。美国早前就削减了与日本的部分贸易量，日本占领印度支那南部以后，美国立即对日本实行石油
68 禁运。由于中国当时并无海军让日本分心，所以日本所需要的石油是为了将来与英国、荷兰和美国作战而准备的。英国和荷兰也停止了与日本的石油贸易。美国领导人，尤其是美国总统罗斯福本人和国务卿赫尔花了无数个小时与驻华盛顿的日本外交官交涉。美国要和平，但是东京政府却要战争。美国、英国试图阻止东京扩大战争，但是日本不为所动。为了威慑日本，美国把大部分海军舰船部署到夏威夷，把首批生产的B-17空中堡垒

战机部署到菲律宾，而英国下令让两艘大型军舰、一艘战舰和一艘巡洋舰远赴新加坡。在谈判的最后几周里，美国人提议，如果日本撤出印度支那南部，美国将满足其全部石油需求。日本立即指示其驻华盛顿的外交人员，无论如何不得同意美国这个提议，因为一旦同意就意味着要放弃扩大对华的侵略战争。美国人熟悉日本的外交套路，华盛顿政府立即发布战争预警。

东京政府明白，不管是否签约，德国和意大利政府向来言而无信，所以，日本在发动袭击之前几天再次询问德国，日本对美开战后，德国站到日本一方的承诺是否仍然算数，德国立即回复说承诺仍然有效。实际上，希特勒一直在犯难，担心德军在东部前线日趋严峻的战争形势会打消日本向美国开战的念头，于是就那里的形势亲自或授权发布了很多比实际情况更积极的声明。罗斯福总统希望拖延日本发动侵略美国的时间，最好拖到日本人看出德国不一定获胜，而希特勒最不希望的也是一旦日本人认识到这一点就会放弃发动对美国的战争，结果，德国独裁领导希特勒如愿了。就在日本发动袭击后两周，德军在莫斯科 69
城外败局已定。

## 日本挺进

日本的战争规划要求其发动一连串的战役，果断占领泰国，攻入马来亚、菲律宾，占领美国控制的关岛、威克岛，然后踏平荷属东印度、缅甸和南太平洋的英属、美属、法属群岛。这些作战行动必须确保不受美国、英国海军的干扰。日本原计划在美国舰队前来保护、搭救菲律宾时，由日本海军给予迎头痛击，这样可以在西太平洋展开一场大海战。1941年10月中旬，日本又放弃了这个计划，采纳海军司令山本五十六的计策，即不宣而战，动用航空母舰上的舰载机突袭停泊在珍珠港内的美国海军舰队。这位海军司令威胁说，如果政府不采纳他的计划，他就辞去联合舰队总司令一职。1941年12月7日，日本对停泊在珍珠港的美国太平洋舰队发动突然袭击，给予美国海军毁灭性的打击，暂时解除了日本南下作战行动的侧翼威胁。但是，这场突袭也为日本的战争全局带来了更深远的负面影响，而这是东京没有预见到的。

和平时期，又是星期天，日本不宣而战，让希特勒大受鼓舞，想当初，4月份希特勒也是这样突袭南斯拉夫的。可日本的这次袭击激起了美国民众的极大愤慨，把日本试图通过谈判结束战争的希望浇灭了。日本人原以为，美国人不会耗费生命和金钱去夺回几座闻所未闻的小岛，因此这些小岛可以被交还给他们不赞成的殖民者。他们大错特错了，美国人如今横下心来打下去，不碾碎日本誓不罢休。在珍珠港遇袭的过程中，美国拥有两个有利因素。日本人预先也清楚，珍珠港海军基地的水域很浅，
70 所以他们准备了特制的浅水鱼雷。在日本人认为他们击沉了的八艘战舰中，有六艘实际上只是搁浅在了淤泥中，后来被打捞出来，经过维修，继续服役。至于船员，虽然“亚利桑那”号上的海军伤亡惨重，其他遇袭船只的伤亡情况也很严重，但是，由于是和平时期，又是星期天，绝大多数训练有素、经验丰富的海军官兵都得以幸免。美国海军能迅速恢复元气，不仅仅因为美国造船厂不断造出新船，还因为被击伤的船上有成千上万海军将士活了下来。

奉命来到新加坡准备遏止日本人进攻的两艘英国军舰于

12月初抵达，获悉日军在马来半岛北部登陆以后，这两艘英舰立即起锚离港，途中被日军潜艇发现，遭到日军飞机的鱼雷和炸弹袭击。两艘军舰由于得不到英国空军的掩护，自身也缺乏有效的防空火力，于12月10日均被击沉。由于英国本土和地中海地区战事吃紧，需要空军掩护，英国捉襟见肘，日军登岸以后，得以迅速推进。守备的地面部队有两个印度师、一个澳大利亚师，英军少得可怜。三个日本陆军师团在山下奉文的指挥下，于12月8日开始登陆，向南攻击前进，途中只遇到零星抵抗。英军增派了军队来加强防御，虽然偶有激烈作战，日本人仍然向南推进了三百英里，于2月初来到马来半岛的最南端。2月8日晚间开始，日军渡海攻击新加坡岛，经过激战，2月15日迫使英军投降，俘获人数竟然远远超过进攻的日军人数。攻陷新加坡以后，日本烧杀淫掠，受害者数以万计，日军所到之处，无不是人间地狱；类似的惨剧后来于1945年3月在马尼拉再次发生，指挥官依旧是山下奉文。



驻新加坡的英军缴械投降的时候，日军已经拿下了英国控制的中国香港以及美国的关岛，还有初次没能攻占经过二次激战方才攻克的威克岛。然而，他们在菲律宾吕宋岛陷入胶着。罗斯福总统之前曾派指挥官去菲律宾，协助菲律宾打造一支军队，以备1944年菲律宾按计划获得独立后保家卫国。美军指挥官撤销了先前重点防御巴丹半岛、不许日本人靠近马尼拉港口的方案，不切实际地决定尽全力防守整个吕宋岛。日本计划于12月8日袭击美军的空军基地，然后于12月10日在吕宋岛北端和马尼拉以南同时登陆。日军对这里的空袭虽然是在袭击珍珠港之后约十个小时才发起的，但是美军的多数飞机都没有升空，日军在南北两端顺利登陆。形势一目了然，新的防御方案行不通，幸存的美军和菲律宾军队只能向巴丹半岛转移。因为仓促改变了作战计划，所需的食品和其他物资都没有到位，美军和菲律宾士兵因缺少食物和物资，战斗力大打折扣。出乎日军的意料，美军、菲军在这种条件下作战依然英勇顽强，日军指挥官本间雅晴只好请求增援。守岛将士精疲力竭，且战且退，不得已于4月8日投降，科雷希多岛上的官兵于5月6日投降，菲律宾其余守军于6月9日投降。有数千名于巴丹半岛上放下武器的战俘在被赶往战俘营的途中被日军杀害。幸存的战俘也被有系统、有计划地折磨压榨，很多在战俘营和矿上被杀害。罗斯福此前命令美军指挥官离开巴丹半岛前往澳大利亚，准备指挥将要派
72 去那里的美军。在菲律宾，既有很多甘愿当日本人走狗的叛徒，也有小规模但不断发展壮大的抵抗运动和游击队伍。游击队员没少给日本人制造麻烦，也没少给美军提供重要情报。



日本原计划先征服荷属东印度，结果先征服的是马来亚和菲律宾。12月15日，日本军队已经在婆罗洲登陆，婆罗洲当时部分由英国控制，部分由荷兰控制。随后几周，日军相继占领了很多岛屿。2月末，日军在爪哇海战中击败了荷、美、英联合舰队，3月8日，迫使爪哇岛上最大的一支盟军部队投降。那时，日军已经在荷兰人控制的新几内亚岛西部和东北海岸登陆，占领了东北海岸的两个小镇莱城和萨拉马瓦。第一次世界大战以后，马里亚纳群岛和加罗林群岛被交给日本人管理，现在，驻扎在那里的日本远征军向南方各岛进军，迅速占领了阿德默勒尔蒂群岛、吉尔伯特群岛、俾斯麦群岛和所罗门群岛大部。夺取俾斯麦群岛的意义对日军而言尤其重大，因为他们所占领的地方

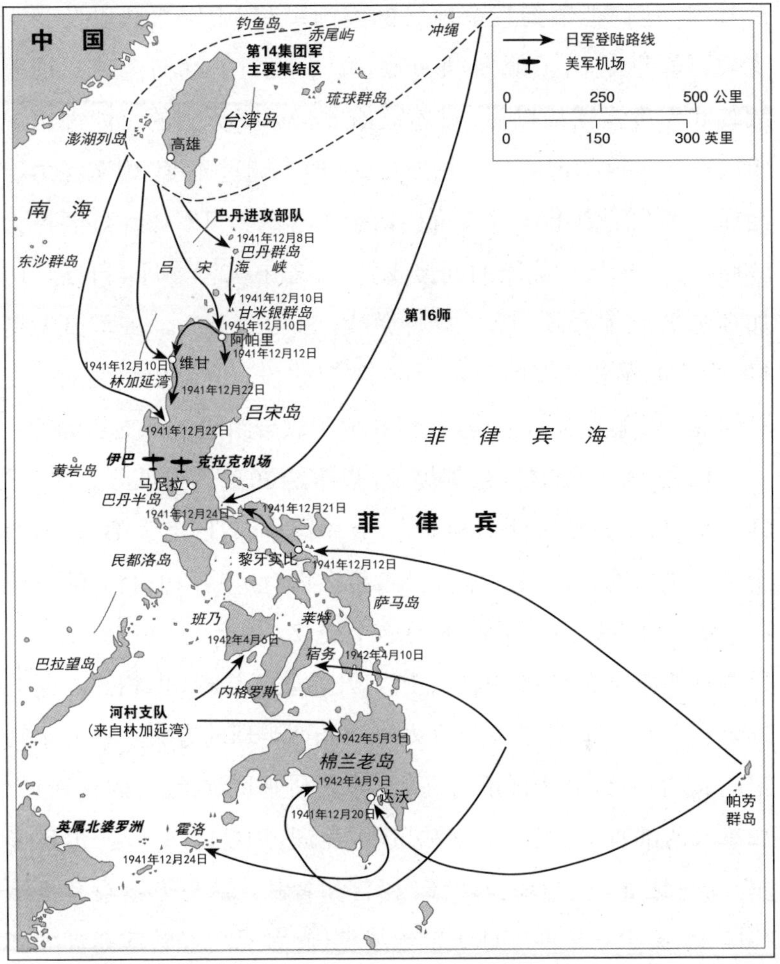


图7　菲律宾,1941—1942年

包括新不列颠岛北端的大港拉包尔。这个港口被日军当作中心基地,从这里他们可以威胁到澳大利亚和新西兰。

在征服荷属东印度群岛、南太平洋大量英国殖民地和岛屿 73
的同时,日军突入了缅甸。爪哇投降的当天,日军开进仰光。随后几周，他们把缅甸其余地区的英国军队、中国军队以及一小支美国军队赶出了缅甸，4月底，基本控制了缅甸全境。征服缅甸和印度洋诸岛以后，维希政府非常乐于见到的可能性出现了——一旦日军占领马达加斯加岛，盟军通过印度、中东经由伊朗通往苏联的海上运输线将被切断。考虑到日军该计划的极大威胁，英国军队在美国的间接支持下，于1942年5月4日在马达加斯加岛北部登陆，经过数月激战，占领了全岛。日军错失良机，由于海军和陆军的分歧，他们当时也没有立即出兵侵入印度
74 和锡兰（斯里兰卡），但是，他们和德国联合组建了一支亚洲师。

12月，东京正式向德国提议，以东经70度为界瓜分亚洲，这样一来，日本将获得西伯利亚大部、中国全部、印度大部、东南亚全部。虽然德国高层部分官员希望多占有一些西伯利亚的工业区，希特勒还是接受了日本的这个提议，并于2月签署了协定。日本首相东条英机从1941年10月开始兼任陆相、内相等。他的办公室于12月制订了瓜分南太平洋和西半球的方案。该方案规定，日本将得到太平洋所有岛屿、澳大利亚和新西兰、阿拉斯加、加拿大西部省份、美国华盛顿州、中美洲、加勒比海岛屿、厄瓜多尔、哥伦比亚、委内瑞拉西部、秘鲁和智利。这份方案没有呈给德国人，鉴于它把西半球大部给了德国，那么已经答应亚洲大部分归日本的希特勒估计也不会拒绝这个方案。

## 日军攻势受阻

日军野心勃勃的计划若要实现，初期的胜利是不够的，必须接连获胜。日军指挥部内就下一步该怎么办发生了争执，这导致日军进一步放弃深入印度和印度洋，转而向南发展，试图夺取

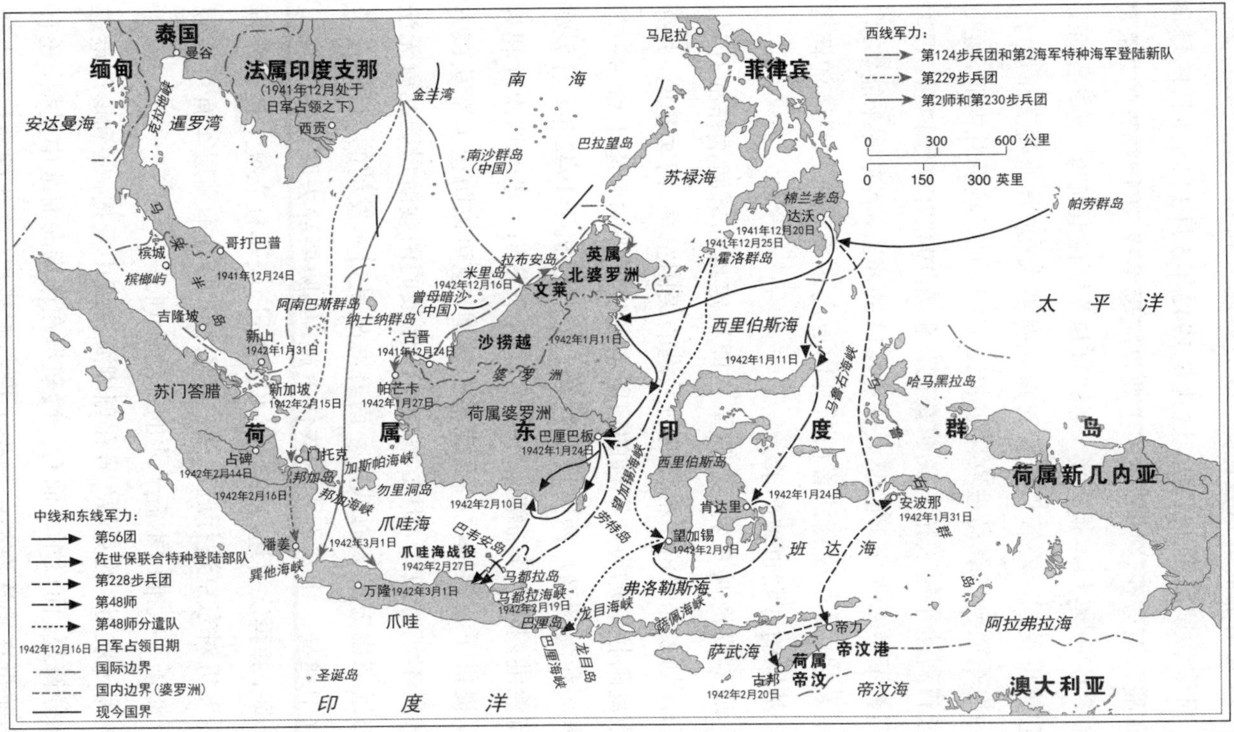


图8　东印度群岛，1941—1942年

75

新几内亚南部的莫尔兹比港，以威胁澳大利亚。在海军的掩护下，日军尝试从海上登陆，这就是1942年5月3日至8日的珊瑚海海战。双方在这场战争中主要以航母参战，美国损失了“莱克星顿”号航母，日本损失了一艘“祥凤”号轻型航母，双方各有另
76 一艘航母受损。不管双方相对损失有多大，总体来说美军胜了，因为日军放弃了登岛进攻莫尔兹比港，转而跨越新几内亚，迂回通过科科达小道去抢占莫尔兹比。但在1942年9月17日，日军遭到美军空军支援下的澳大利亚军队的痛击，其意图未能实现。自那天起，日军攻克部署在新几内亚岛东南端米尔恩湾的澳美联合基地的计划也破产了。



珊瑚海海战失利后，日军立即决定再部署两次作战行动。他们计划轰炸阿留申群岛的荷兰港的美国空军、海军基地，并夺取距离阿拉斯加海岸不远的阿留申岛链西部的两座小岛——基斯卡岛和阿图岛。两艘日军航母上的舰载机于1942年6月轰炸了荷兰港，掩护登陆部队夺取了这两个岛屿。虽然这次胜利为日军提供了在该地区扩大战果的基地，也可以防止美军从该方向对日本进行攻击，但是参与本次作战的两艘航母因此就无法参与远在南方的大海战了。南方海战是日本发动的，目的在于攻取中途岛。山本五十六故伎重施，威胁要辞去联合舰队总司令一职，并再次得逞。1942年4月18日，美军杜立德上校曾率领美国飞机对东京进行过空袭，盛怒之下的日本高层军官可能因此更加乐于批准山本五十六的行动计划。

美国航母“约克城”号在珊瑚海海战中受损，回到珍珠港进行部分修复，而日军方面有一艘航母在珊瑚海海战中受损，还有一艘航母在那次海战中损失了很多舰载机，这两艘航母都未能

加入摧毁夏威夷地区残存的美国舰队和夺取中途岛的战斗。在赶赴中途岛的六艘日军航母中，有两艘被留下来保护战舰和巡洋舰编队，这些编队是要守株待兔、坐等驰援中途岛的美国舰队的。然而，美国情报官员最终看穿了日本的诡计，并做好了准 77
备。6月4日，当四艘日本航母出现在中途岛东南的时候，美国海军的三艘航母早已守候多时了。当日军打下美军低空飞行的鱼雷战机时，美军俯冲轰炸机炸沉了三艘日军航母，不久以后，又击沉了第四艘。“约克城”号航母也受损严重，随后被日军潜艇击沉，但是整个战场形势显然是美国占优。日军战舰编队又损失了一艘巡洋舰和其他几艘军舰，余者只好掉头逃跑，但更重要的是，美军有能力重造一艘航母以补充损失，而且可以征召很多新的飞行员，但是日本无力再造航母。而且，日本从来没有正规的预备役飞行员培训制度，也就是说，在珊瑚海海战和中途岛海战中损失的经验丰富的飞行员得不到补充，此后，日本一直缺少优秀飞行员。



中途岛一战迫使日军在太平洋停下扩张的步伐，为美军反攻提供了可能。1942年8月，反攻从瓜达尔卡纳尔岛开始（详情请看第六章）。反攻有个关键点，即虽然日军停下了脚步，但也迫使美国暂时放弃其“欧洲优先”的战略，在1942年全年和1943年前几个月，把大部分新征召的可用兵力投放至太平洋战区。这一过程延缓了美军在地中海和欧洲战场的行动步伐。然而，轴心国相互之间步调不一，并没有趁机利用美军的迟滞。有一点可以看出，轴心国之间缺乏沟通——当日军提出购买德军尚未完工的“齐柏林伯爵”号航母，并将其拖曳到太平洋时，德军才知道日军在珊瑚海海战中没有打胜，而是打败了。美国截

获并破译了这些电报往来，得知德国拒绝了日本的这一请求，想
78 必美国很失望。

## 战争扩大

希特勒得知日本偷袭珍珠港之后，立即下令德国海军对美国和西半球的八个国家开战。他可不愿意等上三四天，等待国会召集开会，通报德国向美国开战的喜讯，然后再走外交流程。意大利也立即对美宣战，参加宣战的还有德国的另外三个盟友，即匈牙利、罗马尼亚和保加利亚。罗斯福总统通知国会，要求向日、德、意三国宣战，国会立即批准通过。与此同时，总统让国务院争取劝说匈牙利、罗马尼亚和保加利亚收回宣战令，一直努力了六个月，三国断然拒绝。罗斯福总统于1942年6月放弃谈判，国会也投赞成票，成全那三个法西斯国家，依次对它们宣战。不管与德国结盟的匈牙利、罗马尼亚和保加利亚三国领导对待美国的态度如何，来自德国和意大利的威胁是实实在在的，那就是德、意两国部署在大西洋和加勒比海的潜艇。



德国潜艇部队司令邓尼茨海军上将料到同美国开战是早晚的事，他预先派了很多艘潜艇埋伏在美国东海岸。1942年的前六个月里，因为美国没有实施有效的护航，海岸也没有完全封锁，那些潜艇击沉了大量盟军船只。德国潜艇夜间上浮，用鱼雷攻击因为岸上的宾馆、汽车旅馆和民房灯光而显出轮廓的船只。德国得手的另一个原因，是德军改变了通信密码，1942年的大部分时间，盟军不再能够破译德军的无线电通信。雪上加霜的是，美国海军的鱼雷堪称灾难——配备给他们的鱼雷有致命缺陷。
79 战争之初，德国海军也遇到过类似的问题，但是他们消除缺陷的

动作比美国快很多。到1943年6月前后，美国潜艇官兵才敢信任他们发射出去的鱼雷能够按照设定的深度潜行，命中日本舰船的时候能够爆炸。日本海军和工业生产容易被切断石油和其他重要物资供应，而盟军在很长时间里都未能善加利用日军这个软肋。

如今，这场战争实际上已经涉及所有大国，1942年1月在华盛顿召开的一场会议上，盟国自称“联合国”，并以联合国的名义战斗到最后，且于战后组建了一个新的国际组织。轴心国一方自始至终没有成立类似的组织。 80

第六章

# 转折点：1942 年秋至 1944 年春

## 1942年德国在东线的攻势及惨败

1942年四五月间，德军稳住了东线之后，随即发动当年的攻势——“蓝色行动”。前一年德军遭受的失败排除了再在前线发动全面攻势的可能，所以，德军仅在南方发动了一次战役，目的是夺取高加索的油田，这样，一来切断了苏联的重要石油供应，二来保障了轴心国的战争行动。这次行动要想取得成功，势必拉长两翼的战线，所以，1941年冬，德国敦促其盟友罗马尼亚、意大利和匈牙利三个国家向东部前线增兵，它们也遵命照办了。然而，德军并未向这几位盟友提供必要的反坦克炮和其他现代武器装备，后来在1942年冬，苏联红军发动反攻，穿插突破几国军队所据守的阵地，打得德军措手不及。

战线南端，苏联红军在冬季攻势中收获颇丰，但是多数战果在6月28日德军发动“蓝色行动”之前就被破坏。由于错误估计德军要对莫斯科进攻，许多苏联红军预备队被部署在莫斯

图9 1942—1943年苏德战争

科正面，所以，德军在战役之初推进顺利。有两个事件影响了战 81
争的走向。一、斯大林破例授权前线将领可以根据战场形势的需要自行指挥部队大步后撤，所以，德军在包围战中就不能再像1941年那样，一次俘获那么多苏军。二、德军不但派了一支集团军群经由再次攻占的罗斯托夫向高加索进发，还另派了一支集团军群向斯大林格勒所在的伏尔加河进发，以保护即将展开的攻坚战的北翼。两次突击情况相同，先取得快速突破，接着受阻，直至停滞不前。一方面，德军无力恢复此前一年的人员、装备损失；另一方面，苏联红军各部队作战顽强，越战越勇。在南方突击行动中，德军占领了迈科普油田，但在8月底，被挡在了黑海岸边的新罗西斯克和高加索的格罗兹尼之外。与此同时，开往斯大林格勒的德军抵达伏尔加河，但在城内和城外受阻，难以前进。

德军疯狂轰炸斯大林格勒，守城的红军则与突入城中的德军展开巷战，组织反攻，形成拉锯战，尤其在城区北面。源源不断的德军加入巷战之中，苏联援军也不断地渡过伏尔加河补充上来。德军两支部队相距两百英里，各自为战，无法相互策应，推进艰难。在莫斯科正面战场，红军先后发动了一小一大两次反攻，但均无法动摇德军从前一年冬天就占据的阵地，然而在斯大林格勒，情况则不同。

攻入斯大林格勒的德军前锋两翼由罗马尼亚军队加上少数德国军队负责防守。苏军总参谋部一点一点地向斯大林格勒增派援兵，准备对突入城内的德军南北两翼发动大规模反击。直到盟军在非洲西北成功登陆，死死拖住西部的德军（后文详述），红军才于11月19日发动了代号为“天王星行动”的攻势。自南北两端，庞大的装甲兵团和步兵冲破了罗马尼亚军队和德军的防线，并于几天后胜利会师。在正式的联合作战之前，希特勒已经组建了一支新的集团军群，负责冲破苏军逐渐合拢的包围圈，他同时命令保卢斯将军（后来不久升为元帅）死守阵地。德军空军将会给德第六集团军群及困在此处的附属部队空投补

给，以待新组建的部队打破包围。那场战役始于12月12日，以 83
失败告终。随后，苏联红军痛击被围的德军，并击溃据守在斯大林格勒西北一部分阵地的意大利军。1943年1月底，斯大林格勒废墟中的德军残部缴械投降。斯大林格勒战役及德军战败的报道占据世界各大新闻头条达数月之久，交战双方都有很多人认为此战是第二次世界大战的一个转折点。实际情况是，此战迫使德军撤回插入高加索的部队，以防后路也被切断。这支部队据守先前攻占的一部分地盘——库班河桥头堡，希特勒希望1943年当年以此为跳板，再次攻入高加索。然而，此时的德国已是强弩之末，这个设想怕是要泡汤了，德军于1943年10月初撤离了这片区域。

德军在南方的溃败，导致苏军不顾实际情况，轻率冒进；1943年2月底，德军揳入苏军先头部队，再度攻克哈尔科夫，此举是要告诉苏军高层，别看他们在斯大林格勒打了个胜仗，但后面的苦战还多着呢。大约就是因为这个教训，斯大林才听从其部队指挥官的建议，继续采取守势，以待1943年德军发动夏季攻势，然后顺势发动大型战役反攻。库尔斯克突出部在双方看来都是下一次大决战的理想战场，苏军把这个地方建成了比任何时候都坚固的堡垒，而德军计划南北夹击。德军不断向前线运送物资装备，尤其是新型豹式、虎式坦克，战役也一再推迟；这两种新型坦克是1941年德国获悉苏联红军拥有更大更好的坦克后
下令设计制造的。 84

## 东线的主攻以及1943年地中海的形势转变

7月5日，德军发动了代号为“堡垒”的战役，目的是消灭库

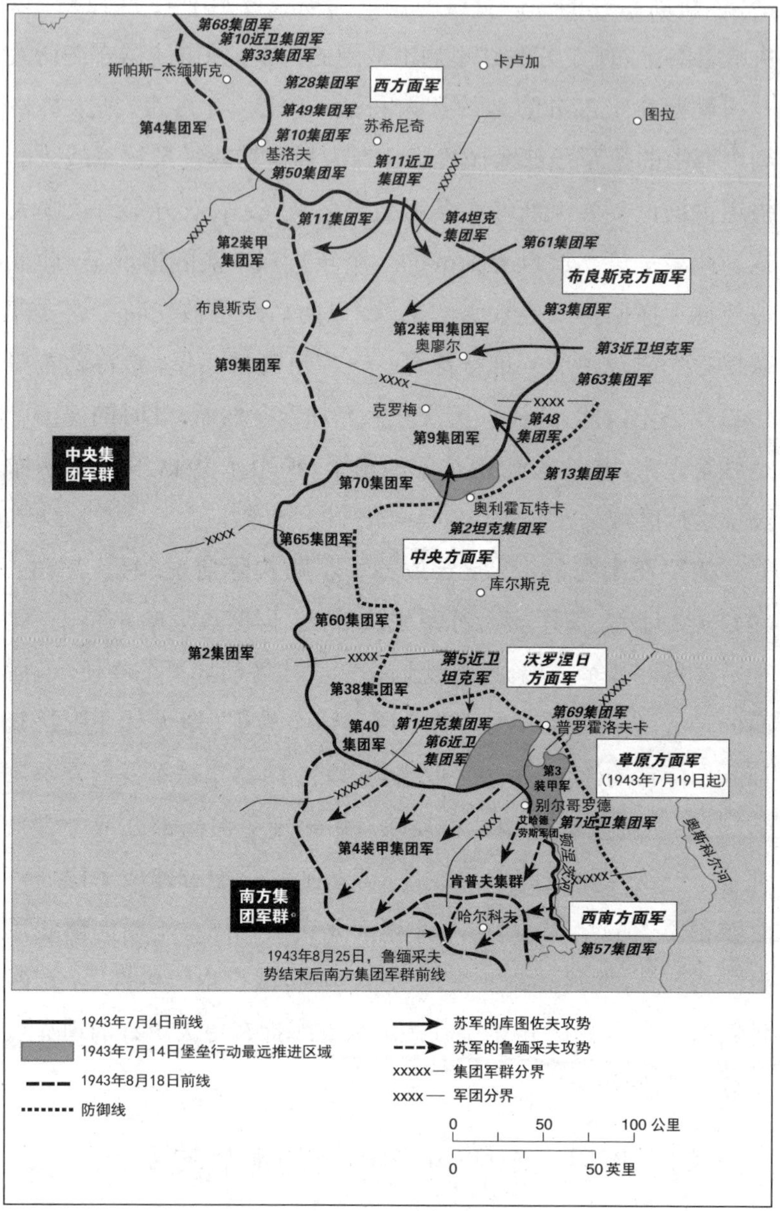


85

图10 库尔斯克大会战

尔斯克突出部的苏军，夺回东线战场的主动权。经过前线南北两端的数日鏖战，德军往前稍稍推进了一点，造成苏军重大伤亡，但是仍未形成突破。根据伤亡统计，德军损失小点，事实上就连这样的小损失德军也承受不起，他们无法突破防御，这已然意味着巨大的失败。苏军穿插攻击到库尔斯克北部德军后方的奥廖尔地区，西方盟军则在西西里岛成功登陆，这两个捷报传来，本次战役提前结束。从此以后，红军就掌握了战场主动权。德军空军又要应付地中海的战事，又要看家，战线太长，空军力量分布稀疏，而苏联空军取得制空权，可以频频发动进攻。

苏军发动一系列攻势，将中段的德军打退，然后攻入乌克兰，于当年年底解了列宁格勒之围。从这些攻势中苏军的表现可以看出，苏军指战员成长了许多，而德军显出颓势。即使德军的坦克质量略微反超苏军，可这难敌苏军坦克数量上的优势。多数坦克是苏联自己工厂制造出来的，有的是美国根据《租借法案》提供的。苏军的坚决进攻势不可挡。每次苏军坦克出动，都有大量炮火掩护，这在战争后期呈现出两大优势：一、每到关键时刻，上级一声令下，游击队就在德军后方的关键地点破坏德军的交通和通信；二、盖伦将军从1942年初接手东部前线的情报工作，他蠢笨无能，总是上苏联假情报的当。1944年春，苏军已 86
经摆好架势，盘算着如何能更好地粉碎苏联境内残余的德军，而且苏军每次战役在时机的把握上都与西方盟友保持高度协同。

西方盟友正在多个战场展开作战，并不像苏军只能专注一个战场。1942年7月，英军在埃及终于遏制住德意联合进攻，在美军的支持下，英军酝酿着在那里举行一场大反攻。反攻于10月末打响：在阿拉曼的一场持久战中，英军击败了轴心国的军队，缓慢将其残部逐出埃及和利比亚沙漠，并计划从法国控制下的西北非进行美英联合登陆。这次登陆被称为“火炬行动”，于11月8日在摩洛哥的大西洋海岸和阿尔及尔的地中海沿岸同时展开。起初，维希政府的部队阻止联军登陆，但盟军统帅艾森豪威尔将军和维希政府领导人达尔朗元帅达成停火协议，并动员当时在那里探望生病儿子的达尔朗指挥部分军队起义投诚。位于突尼斯的维希政府的追随者没有抵抗从西西里岛撤退下来的德意军队，所以，轴心国的军队得以占据突尼斯的突尼斯市和比塞大市两座城池，阻挡住了盟军的前进步伐。这几件事必须放到整个战局中来考察。希特勒原指望将盟军赶出非洲西北，但是由于苏军在斯大林格勒的攻势凌厉，他首尾难顾，腾不出足够的部队派往非洲西北，而驻扎在突尼斯的德军也无法用来解斯大林格勒之围。此事对盟军的巨大影响则是需要发动一场战役将突尼斯从轴心国手里夺过来，而守在突尼斯的轴心国部队刚刚得到从阿拉曼撤退下来的部队的增援，实力大增；这就意味着来不及从非洲向英国本土调兵参与准备当年的横渡英吉利海峡
87 之战，渡海作战只能推迟到1944年了。

突尼斯战斗正酣之际，美、英两国政府的军政首脑于1月在卡萨布兰卡会晤，商讨下一步的行动计划。显然，1943年不可能展开对法国的进攻从而推动对轴心国的战争。会议决定，突尼斯之战一旦胜利，立即着手夺取西西里岛，如有可能，还要趁势登陆意大利。对德空袭必须加强，白天，美国空军负责对德国工业区及其他重要目标进行轰炸；夜间，英国皇家空军负责轰炸城市。由于盟军每个月损失战舰的速度远远超过制造的速度，1943年，对德潜艇作战被提升到了前所未有的高度。一方面为

了平息英、美民众对与达尔朗媾和引发的不安，另一方面也是为了让苏联放心，推迟西线的作战时间并不意味着西方盟友开始懈怠，美、英借此机会公开宣布双方之前制定的政策：轴心国必须无条件投降。有人提议意大利可遭豁免，遭到英国内阁的否决。罗斯福总统和丘吉尔首相特地把该政策作为卡萨布兰卡宣言的一项重要内容。

卡萨布兰卡会议召开之前，达尔朗已经被一个法兰西保皇主义者刺杀，美、英两大盟国首脑曾试图让“自由法国”领导人戴高乐和从德国战俘营脱逃出来的法国将军吉罗摒弃前嫌、重归于好。戴高乐不久便一脚踢开吉罗将军，在阿尔及尔建立法国临时政府。北非的大量法国军队和规模更大的英军、美军一道，围歼轴心国军队，后者被两面夹击：一边是美、英、法联军，一边是穿越利比亚赶来的另一支英军。在突尼斯防线南端的卡塞林山口，德军击退一小队新上战场的美军，但旋即受挫，随后几 88
个月间，这股德军被赶进突尼斯东北角。1943年5月初，在这里有二十七万多轴心国士兵投降。对深陷斯大林格勒重围的德军投送给养的德军运输机，无法飞去突尼斯给轴心国军队投送补给，而从西西里岛起飞增援突尼斯的飞机，也不能对斯大林格勒的被困德军提供任何支持。同样，面对日军在太平洋战场的步步紧逼，美军也只好分兵来援，欧洲的轴心国部队也被迫在几个战场同时受敌。

## 海战、空战

若要在突尼斯的轴心国士兵投降以后发起进攻，或想要在西西里岛和意大利本土登陆，都要求盟军扭转海战中的劣势，盟军把这个目标列为他们的头等大事。虽然三四月间护航编队与德国潜艇之战打得异常艰难，然而五六月间，盟军取得了一场重大胜利。他们投入了更多远程飞机、护卫舰、舰载雷达，新增了护卫舰，再次破译德军海军通信密码，使得英国、美国、加拿大海军能够击沉无数德军潜艇，迫使邓尼茨海军上将放弃了北大西洋。希特勒支持邓尼茨研制两种新型潜艇，并预备让东方战线北端的战略需求为此让路，集中精力控制波罗的海，以便新开发的两种潜艇和艇员可以在此试验、操练。等到一切就绪的时候，时间已经到了1945年4月，战争已接近尾声。1943年秋，盟军造船速度已经超过损失速度，后来造船速度越来越快，从此解除了舰船损失对盟军战略决策的巨大制约。



1942年和1943年间，英、美空军大幅增加对德国及欧洲德占区的空袭行动。1943年7月，英国对德国汉堡的大规模空袭
89 第一次引发风暴式大火，这种灾难在尔后的空袭中多次发生。且不论战时和战后对于这种战略轰炸的效果以及轰炸城市是否合乎道德有多少争论，这些轰炸有几个特点是毫无疑问的。德国普通民众曾狂热拥护纳粹政府突破1919年和平协定强加给德国的种种限制，如今他们终于也尝到第一次世界大战的战胜国力图避免的种种不幸了。1945年第二次世界大战结束以后，有些德国城市特地保留一座废墟（往往是教堂），以警示后人战争的后果有多可怕。空袭的另一个重要影响是严重干扰工业生产、交通运输网络，以及关键的石化企业的生产。1943年，德国防空炮火消耗的弹药已经超过阵地作战；1944年，防空炮火超过地面炮火。另外，几十万男子、囚犯甚至少年男女都被动员起来操作防空武器。德国生产的一千艘潜艇所消耗的材料本可以

生产三万辆东线战场所需的坦克，为了抵御空袭，德军耗费大量物资，客观上有利于苏联红军，毕竟，多数地面战是他们在打。

1943年秋，德国把大部分精力用来对付盟军的空袭，眼看空战的形势便要发生逆转。大量德军战斗机加上地面防空炮火，对长途来袭的盟军轰炸机造成巨大损失。越来越大的战机损失开始迫使盟军调整战略。德军进攻英国本土必须先取得绝对的制空权，同理，西欧战场的绝对制空权也是盟军发动地面战的必要前提。正是在这种情况下，才有必要用战斗机将轰炸机一路安全护送到目标上空，所以也就有了1944年2月和3月F-51野
马战斗机的精彩表现与几场大型空战。随后的欧洲战局很大程 90
度上受到以下因素的影响：一、德国无力扭转1943年6月海战的失利；二、盟军成功克服了1943年秋其空军面临的困境。

## 西西里岛战役、意大利战役

1943年7月10日，突尼斯战役刚结束，英美联军一鼓作气，随即发动登陆西西里岛的代号为“哈士奇行动”的战役。登岛之前，盟军采取欺骗手段，诱使德军以为盟军将从别处登陆。就连盟军一方也有不少人信以为真，进而造成很大混乱，不过这种战术确实有利于登岛行动；此外，还采用了空降作战。意大利军团很快土崩瓦解，德军则负隅顽抗，一度差点打退盟军在杰拉的登陆行动。英国第八集团军在西西里岛东南角遭遇困难，指挥官蒙哥马利将军命令所部接管上级原先分配给美国第七军的主要进攻路线，没想到，指挥官巴顿将军带领一部向西北方向的巴勒莫推进，这一招还真管用，盟军驱赶了盘踞在该岛东北部的德
军。可惜，大部分德军士兵从墨西拿海峡逃脱。 91

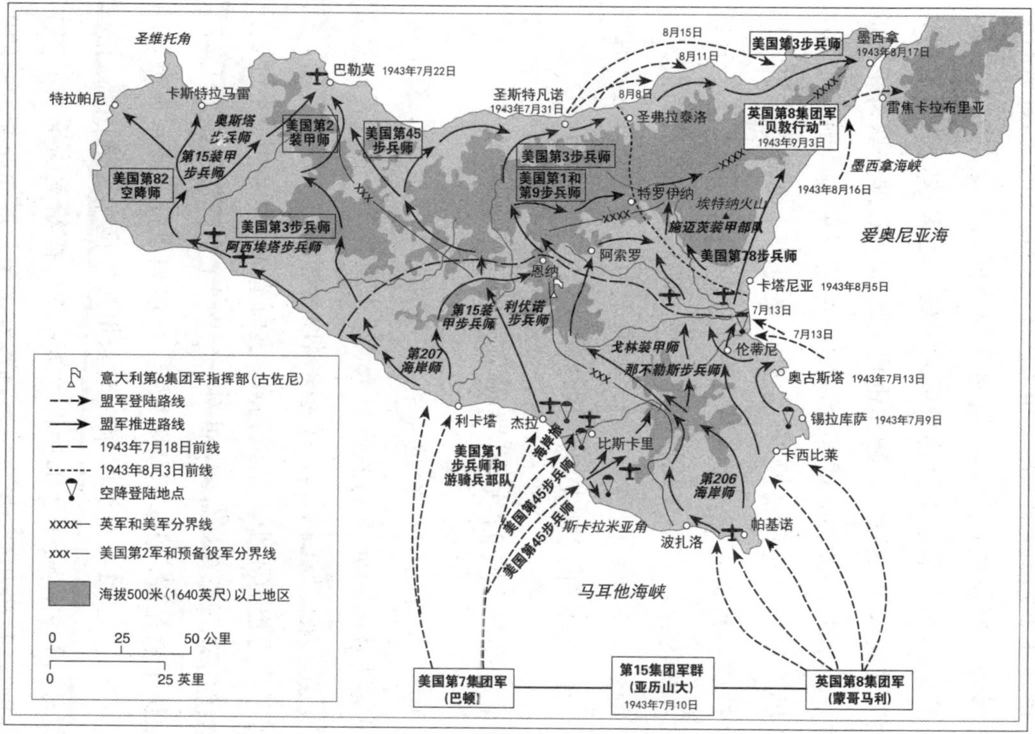
圣维托角
特拉帕尼
卡斯特拉马雷
巴勒莫 1943年7月22日
美国第82空降师
第15装甲步兵师
奥斯塔步兵师
美国第2装甲师
美国第45步兵师
美国第3步兵师
阿西埃塔步兵师
圣斯特凡诺 1943年7月31日
美国第3步兵师
美国第1和第9步兵师
圣弗拉泰洛
8月8日
8月11日
8月15日
美国第3步兵师
墨西拿 1943年8月17日
英国第8集团军“贝敦行动” 1943年9月3日
雷焦卡拉布里亚
墨西拿海峡
1943年8月16日
特罗伊纳
埃特纳火山
施迈茨装甲部队
阿索罗
恩纳
英国第78步兵师
卡塔尼亚 1943年8月5日
7月13日
7月13日
伦蒂尼
奥古斯塔 1943年7月13日
锡拉库萨 1943年7月9日
卡西比莱
帕基诺
波扎洛
第206海岸师
戈林装甲师
那不勒斯步兵师
利伏诺步兵师
第15装甲步兵师
第207海岸师
利卡塔
杰拉
比斯卡里
美国第1步兵师和游骑兵部队
美国第45步兵师
美国第45步兵师
斯卡拉米亚角
爱奥尼亚海
马耳他海峡
美国第7集团军（巴顿）
第15集团军群（亚历山大）1943年7月10日
英国第8集团军（蒙哥马利）
意大利第6集团军指挥部（古佐尼）
盟军登陆路线
盟军推进路线
1943年7月18日前线
1943年8月3日前线
空降登陆地点
xxxx— 英军和美军分界线
xxx— 美国第2军和预备役军分界线
海拔500米（1640英尺）以上地区
0 25 50 公里
0 25 英里

图11　西西里岛战役

盟军攻克西西里岛带来了三个主要收获：一、加速墨索里尼的垮台，他于7月25日被他的法西斯伙伴们抛弃，随即维托里奥·埃马努埃莱三世下令将他逮捕。意大利法西斯政府失去了民心，因为他们丢失了意大利的海外殖民地；在意大利人毫不在乎的东线战场，意大利军队遭受重大伤亡；还有一点，意大利法西斯主义领导率领整个国家委身事德，而意大利民众普遍讨厌德国人。如今，遵照希特勒的命令，大量德军进入意大利，这令意大利人更加反感。最后一点与西西里岛战役的第二个结果密切相关。德军高层越来越认识到在意大利军民中弥漫着厌战情绪，他们意识到必须派遣德军接替驻守在他们已经占领的法国、南斯拉夫、希腊的意大利军队，同时协防意大利。其实，德国人的隐忧从几个月前就有了，1943年9月意大利投降，德军不再抱有任何幻想。

盟军在西西里岛的胜利带来的第三个结果与第二个紧密相连：意大利新政府领导巴多格里奥在协商投降事宜之时，盟军决定进攻意大利本土。盟军于9月开始登陆，英国在意大利南端登陆，美英联军在那不勒斯附近的萨莱诺登陆，德军进退两难，要么派重兵保护意大利，要么干脆不管它。他们最后决定保护意大利。从那时起，两支满编德军部队一直坚守在意大利境内，无力帮助东线战场正在撤退的德国军队，也无法与法国和比利时的德军一起防止盟军从那里登陆。

意大利战场有两支盟军部队和两支德军部队，盟军的制空权抵消了敌军在防御上的地形优势。经过苦战，盟军向半岛北部推进。1944年1月，盟军企图在罗马以南的安齐奥登陆，打破那里似乎死沉的僵局。作战行动虽未取得预期效果，但盟军还是如愿以偿攻下了福贾半岛。这个地点给盟军提供了机场，盟军的轰炸机可以从这里起飞，深入欧洲中部和东南部的德占区与盟军占领的地区。当苏军在为1944年夏的大规模攻击做准备
93 的时候，西方盟友也计划大约同时在意大利发动新一轮攻势。

## 1942年至1943年的太平洋战场

在盟军于北非和欧洲遏制、击退轴心国部队的几个月里，他们同时也在太平洋和东亚忙于发动类似的作战行动。美军继中途岛海战大捷之后，于1942年8月初，对所罗门群岛发动了一次进攻。群岛中的瓜达尔卡纳尔岛上建有日军机场，这威胁着美国与澳大利亚的海上交通运输。日军有意采取添油战术向岛上增兵，并迫使美军也采取这个战术，结果是持续六个月之久的消耗战，最终美国获胜；1943年2月，日军撤出瓜岛上的残余力量。美军补充了太平洋战争中的损失，投放的兵力甚至比之前更多，可是日军做不到这一点。一场接一场的战斗在瓜岛天上、地面和四周的海域陆续展开，新几内亚的美军和澳大利亚军队正将日军沿着科科达小道赶回去，然后在该岛的北岸发动一系列登岛作战。



美军打算在东亚再发动两场战役，在太平洋两路突击，齐头并进，最终击败日本。在西南太平洋，美军将发起一系列登陆作战，横扫日军在战争之初占领的岛屿，直捣菲律宾群岛，尔后，以菲律宾为基地，向日本本土发起进攻。在太平洋中部，尼米兹元帅率领的海军陆战队和陆军将在收复日军占领的基斯卡岛和阿图岛之后，通过日军从英军手里夺来的岛群以及第一次世界大战之后划归日本管理的岛屿发动进攻，然后向菲律宾或中国台

湾岛进发，最后攻击日本本土。他们还希望第三波攻击能够以中国大陆为基地，因为中国离日本本土很近；苏联在击败德国之后，可以从中国东北部向日军发起进攻，这样可以令驻华日军疲于奔命，也可以从另一个方向威胁日本本土。94

由于从1937年起，中国就一直处于战争状态，我们有必要把目光转到这里。日军动辄发动重点进攻，侵占当时国民政府控制的国土，但是国民政府一直在反击。美国向中国援助了一批为数不多的战斗机，同时希望增派能飞抵日本本土的远程轰炸机。美军与英军合作，清除缅甸北部的日军，此举不单是为了向国民政府提供物资援助，也是为了能部署轰炸机。在开辟新一条运输线或恢复被日军切断的运输线之前，从印度东北部阿萨姆邦穿越喜马拉雅山脉的“驼峰航线”，为中国提供了部分战略物资。



有三个因素促使日军于1944年夏发动了两次大规模的反扑。盟军在中国开辟空军基地，美军远程轰炸机可以从那里直达日本；从阿萨姆邦空运物资的路线增加；盟军潜艇击沉的日本船只越来越多。这促使日军决定在中国战场发动代号为“一号作战计划”的大进攻，目的是夺取美军新开辟的机场，同时开辟一条铁路线，连接日军在东南亚所占领的地盘，那些地盘上的物资因为盟军不断击沉日军货船而没法运出。另外，从缅甸向阿萨姆邦发动一次重大行动可以切断“驼峰航线”，或许还能引发印度的内乱。在中国的这场战斗取得完全成功。从长远看，这次日军的得手影响了中国之后的国共内战。从短期看，基本终结了美军从中国机场起飞轰炸日本的空袭，也让盟军打消了以中国为基地对日本发动进攻的打算。日军对印度阿萨姆邦的

进攻则遭受了彻底失败，英、印军队在英帕尔-科希马战役中彻底粉碎了日军的进攻，随后开始了从缅甸中部、南部清剿日军的
95 战役。

在太平洋西南，美国军队在少量澳大利亚军队的配合下，在所罗门群岛、阿德默勒尔蒂群岛和新几内亚北岸的一系列登岛作战中把日军打得节节败退。截至1944年夏天，日军的残余据点、基地已被分割包围，美军着手准备对菲律宾的作战。在太平洋战区的中央，美军发动了一系列登陆作战，从吉尔伯特群岛中的塔拉瓦环礁一直向马里亚纳群岛推进，于1944年6月在那里登上第一个岛屿——塞班岛。盟军在这条线路上跳跃前进，置沿途一些日军部队和基地于不顾，日本海军也遭受重创。由于破译了日军密码，使用了质量可靠的鱼雷，盟军潜艇对日军运输船只的攻击行动更加有效，日军越来越难以利用从1941年冬天强占的地区掠夺来的资源。



## 形势扭转，敌占区的抵抗及中立国的政策转变

所有战场捷报频传，毫无疑问，盟国正在反败为胜，这给德、意、日占领区的抵抗运动以强有力的鼓舞。丹麦、挪威如此，西欧、东南欧也如此。和菲律宾、荷属东印度群岛以及其他仍被日本人占领的地区一样，欧洲占领军令人发指的行径也激起所在地人民越来越激烈的反抗。盟军与抵抗运动人员经常保持联系，为他们提供武器装备。英国政府在南斯拉夫的政策从支持保皇派切特尼克人转而支持南斯拉夫共产党游击队，有力帮助共产党在内战中取胜，以及战后在其领导人铁托的领导下摆脱
96 苏联控制，赢得民族独立。

战争天平的明显倾斜也影响到了那些仍然保持中立的国家的政策。土耳其停止向德国运送铬，并于1945年2月对德宣战。葡萄牙也不再激烈反对盟军在大西洋战役中使用亚速尔群岛，西班牙减少了在东线与德军并肩作战的军队数量。瑞典逐渐减少对德援助，只有瑞士继续给予德国经济支持，一直到战争结束前几周才最终停止。

战争形势的逆转有个重要因素，那就是盟军之间至少愿意协调行动。虽然它们之间也有争论和分歧，但通过直接会晤、外交使团接触、军事代表团的交流，最终能够协调一致、相互配合。1943年在莫斯科、开罗、德黑兰的几次会议都是公开的。美、英两国之间的合作尤其紧密，且成效显著。而德、意、日从来没有相互协调，彼此也不通气。盟军有时候甚至共享秘密情报，这是轴心国之间从来没有过的。

第七章

# 各国后方以及技术、医疗领域的发展

## 德国

战争对于侵略国大后方的影响也是巨大的。从1939年8月底开始，德国实行食物配给制。在战争的大部分时间里，德国的配给比例是欧洲最高的。战争头几年，德军占领外国以后，士兵往自己家里邮寄数百万包物品以补贴家用。这些物品大多是掠夺来的，或者是用故意贬值的货币买来的。1943年至1945年，在德军收缩后撤、盟军实施轰炸打乱正常的交通运输秩序以后，这种局面恶化了。德国的大部分房屋被摧毁或损坏，开始是因为盟军的轰炸，而在战争的最后七个月，是因为战火已烧到德国境内。从被杀害的犹太人或者被占领国家人民那里掠夺来的衣服、家具及其他物品，经纳粹控制的福利组织分发到被炸得满目疮痍的德国国内。另一方面，身为纳粹高级领导的希特勒、戈林和罗森贝格把时间与心思都花在抢夺全欧洲的艺术珍品上了。

从1933年直到战争结束前的几个星期，德国开始实施一项

政策，即对被认为可能生出有缺陷儿童的人施行强制绝育手术，
给生出大量“合格”孩子的父母颁发奖励和证书，其间没有多少
人强烈反对这项政策。从1939年开始，杀死私人护养院、老人院 98
里一切身体重度残疾或严重精神障碍人员的做法，遭到基督教
人士的强烈反对。纳粹政府自认为第一次世界大战中德国并没
有战败，只是被国内的骚乱分子在背后捅了刀子。考虑到他们
计划要杀害的人在“雅利安人”当中有亲戚，所以他们这次玩了
个花招，以平息人们的抗议。1941年8月，政府高调宣布停止杀
戮，实际上，他们只是把集中屠杀改成分散清除，直到盟军占领
当局强行制止，德国人方才罢休。在分散清除的过程中，纳粹政
府把原来在集中屠杀中表现积极的刽子手分派到波兰占领区，
放手让他们按计划成批屠杀犹太人。

德国全境遍布集中营和类似集中营的设施，里面关押着战俘、强抓来的奴隶劳工，以及所有被认为反对纳粹政权的人。数以万计的人被从那里强制带走，和一些未应召入伍的德国人一起参加劳动。深深影响德国社会的又一个特色是它的警察制度的延续，人人都知道这项制度的存在，德国人担心因此遭到外界谴责。虽然有五百多万德军士兵阵亡、几十万平民丧生，但直到战争快要结束的前几周，大多数德国人一直拥护纳粹政权。



## 波兰

没有任何一个国家遭受“二战”蹂躏的程度有波兰那么深远。1939年，波兰被德国和苏联瓜分，然后德国占领了原来约定分配给苏联的一部分，再然后苏联红军占领了整个波兰；最后，波兰政府将其东部地区让给苏联，政府向西转移，获得了德国原

来的西部和北部。德国人和苏联人都驱逐、屠杀了大量波兰人，99 可是这两个国家的政策迥然不同。德国人计划杀光全世界所有犹太人，有三百多万波兰犹太人因此惨遭毒手，只有少数藏匿起来的以及被驱逐了的得以幸免。而苏联人只是驱逐了很大比例的犹太人（其中很多人在迁徙途中死掉了），但是幸存者被赶到中亚，在那里，德国纳粹鞭长莫及。德国人还希望杀光波兰境内的基督徒，他们先从知识分子和神职人员开刀，然后再杀其他人，办法是强制劳动、大面积绝育或者直接杀害。在德国人被赶出波兰之前，这个政策已经导致三百万波兰基督徒遇害。杀掉基督徒和犹太人腾出来的地方最终将只给日耳曼民族居住。苏联人则不同，他们的目的是让所有波兰人（无论是基督徒还是犹太人）都转化成优秀的斯大林式共产主义者，至于在这一过程中要杀掉或者驱逐多少万人，他们并不关心。苏联人于1939年至1941年开始执行这项计划，1944年至1945年将德国人赶走之后，恢复执行该计划。



波兰被占期间，在国内进行抵抗的既有民族主义者，也有共产主义者，然而战争一结束，民族主义运动旋即遭到镇压。波兰这块土地上战乱频仍，导致该国满目疮痍。1944年夏，波兰爆发了一场大规模起义，盛怒之下，德国军队夷平了首都华沙。具有讽刺意味的是，由于1944—1945年冬天苏联红军的快速推进，波兰获得的北部和西部的一些区域没有遭受多大的破坏，因为当地的德国人很快被赶走，迎来波兰人（主要来自苏联夺去的波兰东部地区）到那里定居。在新获得的西部地区，有几座城市在战争中被毁，但是农村地区的情况还好。战后，有很多逃离德占区、苏占区的波兰人拒绝回归原籍，因为他们不愿在当时推行苏联模式的波兰生活。战争期间和战后，波兰人和乌克兰人之间的摩擦不断，也发生过暴力事件，战后，有很多乌克兰人被强制转移安置。 100

## 丹麦、挪威

如果说波兰受“二战”影响最大，那么丹麦正好相反，受到的影响最小。丹麦于1940年投降德国，但是，1943年8月前，丹麦政府直接管理国家的权力基本没有被德国剥夺，而且由于德国战败投降，丹麦不费一枪一弹便获得了解放。不过，也有一些人被捕，也存在缓慢发展的抵抗力量。虽然丹麦为德国提供了部分农产品，但是，丹麦人把国内几乎所有犹太人用船运送到瑞典，把来不及逃走的藏匿起来，使他们躲过了1943年纳粹的种族大屠杀。丹麦和冰岛曾经是一个国家，“二战”期间，发生分裂。冰岛和格陵兰岛在“二战”期间实际上站在盟国一方，这两个岛上都没有发生多少战事。

挪威的情况与丹麦完全不同。1940年挪威也遭受了战争的考验和破坏，战争最后几个月，盘踞在挪威东北部的德军在撤退途中故意破坏了所有建筑和设施。突击队的行动和局部抵抗也在一些地方造成破坏。由于挪威的海洋运输力量站在盟军一方，有很多船只在战争中被击沉。不过，各大城市损失有限。德军原计划要将挪威的特隆赫姆作为德国一个大城市来规划建设，这个宏大计划因为盟军获胜而告吹。挪威内部的激烈纷争为战后留下了隐患。前首相吉斯林以其独特方式支持德国侵略者，他的名字因而成为这种叛国行为的同义词。战后，经过审判，他被处决，这是通敌者应得的下场。战争遇难者还包括很多

抵抗组织成员，他们被德军枪杀。挪威的大多数犹太人也遭了
殃。瑞典主动提出接受那些犹太人，德国外交部二把手魏茨泽
101 克拒绝了瑞典的提议。1945年德国宣布投降的时候，数量庞大
的德军交出的挪威领土基本完好。那部分德军是应希特勒的命
令驻扎在挪威，防备盟军可能发动的进攻。

## 荷兰、比利时、卢森堡、法国

1940年，荷兰是地面战场，也遭受空袭，1944年至1945年再次沦为战场和空袭目标。1944年，德军在有些地方开闸放水，使得一些地区被淹没，这一年冬天发生了饥荒，饿死不少人。由于抵抗运动激烈，德军枪杀了很多俘虏，多数犹太人被押送到杀戮中心处死。虽说荷属西印度群岛比较安全，未受日军和德军的势力影响，荷属东印度却被日军占领。原先的殖民统治秩序被打乱，加上美军、澳大利亚军队解放了很多人，这刺激了荷属东印度独立的愿望，也意味着1945年荷兰名义上光复之后不久，荷兰人将结束在那里的殖民统治。流亡政府回了国，不得不面对一个千疮百孔的故国，尤其是战争在最后几个月造成的无情破坏。

比利时也是1940年和1944年至1945年间的主战场，尤其因为德国1944年12月发动又称“突出部战役”的阿登战役，让比利时部分地区遭受严重破坏。德国人在占领期间枪杀了很多抵抗分子，有的真是抵抗分子，屈死的也不少。德军在垂死挣扎的过程中，也屠杀了很多村民。和荷兰女王不同，比利时国王躲在幕后，没少给回国的流亡政府出难题。德国的占领使得比利时的瓦隆人和佛兰芒人之间的摩擦加剧。该国多数犹太人遭受

灭顶之灾。比利时多年以后才恢复元气，不过其内部冲突依旧。

1940年，卢森堡被德国闪电占领、兼并。占领期间，德国人采取了很多花招让卢森堡日耳曼化。1944年冬天，发生了一些战斗，不过物质损失不大。卢森堡大公夫人原先出国避难，卢森 102
堡重获独立以后，她又回来了。

法国的国内形势错综复杂，对当时战争的结局、争论、回忆以及尔后法国的政策都影响巨大。1940年五六月间的战事造成了一些破坏，不过没有第一次世界大战中的破坏严重。德国人占领了法国大部，又于1942年11月占领了法国全境。大量战俘被杀，同时被杀的还有许多真的或疑似抵抗者，数不清的社区被夷为平地。一小部分犹太人被送到集中营准备统一处决，不过他们大部分活了下来，一方面法国教会强烈反对屠杀犹太人，另一方面有许多家庭为犹太人提供庇护，主要原因还是1944年盟军登陆作战，打断了当时正在进行的驱逐、杀戮行为。盟军登陆之前和登陆过程中，对岸上的德军进行的轰炸同时造成重大平民伤亡和严重财产损失，法国北部、东北部尤其严重。

在未被德军占领的法国地区成立的维希政权，推翻了1789年法国大革命以后的种种改革，在随后的一个世纪里，法国公众对此辩论、猜测、回忆，情绪很激动。1944年至1945年，有很多通敌者在短时间内被密集处决，其中受冤枉的也不少，后来才对疑似通敌者进行公开审判。抵抗运动本身也神秘莫测，所以，战后才有种种猜测附会。庞大的法国殖民帝国分为两派，一部分忠于维希政权，一部分忠于“自由法国”领导人戴高乐。为此多次发生自相残杀的事件，“二战”结束时，所有法国殖民地都在酝酿反殖民运动。虽然法国经济以农业为主，城市还是闹了饥荒。

1945年，被掳走的劳工多数回了国，而几十万德国战俘被扣留在
103 法国，作为强制劳动力，参与种田和城市重建。1940年的速败极大挫伤了法国人的自尊，戴高乐将军为了挽回面子，不择手段。他企图吞并意大利西北的一块地，但遭到杜鲁门总统的阻止，不过他的的确确得到了德国、奥地利占领区，也得到了柏林、维也纳的几块区域，完全控制了萨尔领地，为法国争得盟国对德管制委员会的一个名额，也获得了联合国常任理事国的一个席位。

## 英国、英联邦、英国殖民地

不管英国国内从“二战”前到“二战”开打后的几个月产生了多少分歧，这些分歧到1940年春夏都烟消云散了。面对德军空袭造成的重大平民伤亡、城市大部被毁，以及直到战后十年都实行的食物配给，英国人民空前团结。德国对英国发动空袭，英国接连战败，伤亡惨重，后来日军在亚洲也给英军造成重大伤亡，这些挫败极大地震撼了英国人。尽管如此，从1940年5月到1945年7月，英国政府都没有进行中途换届选举。和法国一样，英国在第二次世界大战中的伤亡与第一次世界大战相比是小的。英国政府逮捕了一些纳粹政权的同情者（过后又把他们放了），也容留了大量从纳粹德国逃出来的难民，有些难民被英国送到加拿大和澳大利亚。1944年至1945年间，德国V-1导弹、V-2导弹造成的人员伤亡和财产损失考验着英国人早已绷紧的神经，好在那时胜利已经在望，这些袭击的总体震慑效果一般，让希特勒多少有点失望。几十万美国大兵驻扎在英国（英国人戏称为“美军占领”），对此，英国人又高兴又痛恨，讽刺这些美国大兵“待遇太高、淫欲太盛、人数太多”。

英国人的生活苦难远没结束，但其国运深受“二战”的另外两个后果的影响。英国人对两次大战期间的经济低迷记忆犹新，人们希望阶级分化不要那么严重，经济更加公平，结果就 104
是1945年7月的选举中，工党获得压倒性胜利，上台执政。国际事务方面，“二战”中英国的英勇表现为它赢得了名义上的大国地位，但其内部其实已经元气大伤。英联邦的自治领在外交事务中取得了更大的自主权，其中，澳大利亚和新西兰甚至转而寻求美国的安全保护。英国殖民地一片混乱，最大的一块殖民地印度正在寻求独立，其他亚洲和非洲殖民地也躁动不安，谋求独立。两次大战终结了大不列颠世界超级大国的地位。



## 意大利

墨索里尼很难向意大利民众解释清楚为什么意大利又要打仗。意军先后在希腊、东非、北非战场大败，随后，1943年初，在东线战场的巨大人员牺牲使得这个法西斯政权彻底失去了民心。德国决定协防意大利，意大利民众非但不感激，反而深恶痛绝。1943年7月至1945年5月间，意大利成了主战场，受到很大破坏。意大利失去其殖民帝国以后，省下了巨额开销，有力地促进了该国战后的经济复苏；意大利人感受到的更大的变化，是19世纪统一意大利的君主制度被废除、一些土地被南斯拉夫割去、人员牺牲、物资损失，加上“二战”最后一年差点爆发内战给国人留下的梦魇般的回忆。

## 苏联

第二次世界大战让苏联发生了翻天覆地的变化，阵亡、饿死

105 或病死的人数高达两千五百多万，另有几百万少数民族因为有通敌嫌疑被迫迁徙，有些真的通敌，有不少是冤枉的。获释的战俘和苦役回国以后，迎接他们的不是拥抱和笑脸，而是惩罚。成千上万居民区被毁。另一方面，苏联政权首次被大多数苏联人民认可为合法政府，德国占领的恐惧及其对待战俘的政策，让斯大林相形之下从一个人们又恨又怕的独裁者，一跃成为一个将苏联人从万劫不复的深渊中拯救出来的仁慈救世主。虽然苏联西部的经济深受战争的破坏，但搬迁到乌拉尔地区和中亚地区的工厂以及新建的工厂都在继续生产。战争期间为了团结全国人民，政府暂时放松了对全国的控制，战后，一切回到了过去，但对很多苏联人来说，这个真的算不了什么，毕竟苏联在国际舞台上的地位提高了。虽然代价高昂，苏联在第二次世界大战的艰难考验中确实发挥了力挽狂澜的巨大作用，这让苏联人民引以为傲。苏联在第二次世界大战中挽回了第一次世界大战中的损失，这次非但没有失去领土，反而扩大了它的面积，取得了在东欧、东南欧的支配地位，而不是失去在其欧洲邻国的影响力，对此，各级政府领导深感满意。另外，苏联还要回了1905年日俄战争中被日本抢去的一块东亚土地，不过苏联国内对此知情者不多，也没有几个人在乎。

## 日本

日本在其八年侵略战争期间，国内高度紧张。1944年至1945年间，盟军的潜艇攻势削减了日本国内工业发展所需的物资供应，盟军对日本的轰炸造成的死伤人数逐渐攀升，日本的日子一天比一天难过了。民心疲惫，但仍在支持政权，并于1942年举行了选举，政府并不中意的几个候选人获得了议会席位。日本政府终于决定投降，这样可以少死几百万人，不至于继续遭受轰炸，不必经受本岛作战，不必再吃原子弹，战后也不至于被分 106
割成不同的占领区。向天皇建议下诏投降的人，很可能是担忧随着国内物资越来越匮乏、苦难越来越深重，有可能爆发内乱；不管出于什么原因，日本投降意味着在美国监督下，大和民族将得以完整保存。日本驻扎着一支英国占领军和一支美国占领军；好在没过多久，日本人就认识到占领军是来援助的，而不是来添乱的。苏联夺得北海道附近的几座小岛并驱逐了岛上的居民，这几个岛屿至今仍是两国之间领土争端的焦点，其实，受影响的人只占从战乱中解脱出来的全体日本人的一小部分。主要在美国的监督协助下，日本修改了制度，通过一部和平宪法，成立独立的工会，进行土地改革，赋予妇女选举权，经济缓慢复苏。

## 中国

“二战”的巨大破坏力从经济、政治两方面彻底改变了中国的面貌，总的死亡人数没有精确统计，但是，很可能超过一千五百万人。战争造成了巨大的破坏，但是在敌占区和敌后，工业也得到了一些发展。1931年日本侵占中国东北以后发展起来的工业设施，被苏联人拆卸运回国内。但是，多年战争的主要影响，是国民政府试图把从20世纪初就陷入军阀混战的中国统一起来的努力付诸东流。如前所述，日本的军事行动，尤其是1944年发动的“一号作战计划”，其深远影响之一是彻底改变了中国之后的战局。战后，日本死不承认他们在中国、东亚、东南亚犯下的烧杀淫掠的滔天罪行，这些国家和地区的人民一直对日本恨之入骨，他们拒绝与日本达成和解。德国则截然相反，德国战后对其发动第二次世界大战所采取的悔罪态度和政策得到
107 了欧洲邻国的谅解。

## 美国



第二次世界大战期间，美国没有出现第一次世界大战之前以及“一战”期间的分歧。日本偷袭珍珠港以后，局部纠纷、部分配给制、政府调控物价、偶尔罢工、工厂临时停工，所有这些困难都没能动摇美国人民总体抱有的必胜决心。政府号召的认购国债、献血、回收废旧金属等行动，大家也乐于响应。在美国部分州生活居住的日裔美国人被临时关押，以防止他们对美国不忠，探听到美国破获日军密码之事。这些人在关押期间吃了不少苦头，过后，美国人也表示了歉意。1942年的美国中期选举，在野的共和党在国会的席位增加了，但是1944年罗斯福仍然第四次连任总统，次年4月他在任上逝世，民主党人杜鲁门接任总统职务。必须指出，长期战乱给美国带来了三个持久影响。罗斯福总统刻意让美国公众慢慢适应美国在战后国际舞台上将要扮演的更加重要的角色，而他的努力没有白费——和“一战”后不同，“二战”后，美国没人反对和战败国签订和平协定，也不反对成立一个新的国际组织。战争期间，受气候和地理因素影响，美国把训练营地、训练设施及造船企业放置在美国南部、西南部和西部，导致全国人口的重新分布，影响了后续政治力量的再分配。最后，妇女地位和非洲裔美国人的地位也发生了一系列重大变化。

## 中美洲、南美洲、中立国和技术进步

除了阿根廷，中美洲和南美洲的国家都站在盟军一方；巴西和墨西哥派遣了人数不多的分遣队参战，此外，它们的作用限于提供物资和船舶，并拒绝为轴心国服务。一些有德国背景的人 108
被送到美国关押起来，此外，这些国家内部相对平静。战后，有好几个国家接收了不少有可能受到军事法庭审判的德国和克罗地亚战犯，让他们得以逍遥法外，这些战犯多数是在国际红十字会和梵蒂冈教廷的协助下逃脱的。

欧洲的那几个中立国以高价向交战各方出售物资，大发战争横财。瑞典允许德国过境转运士兵，瑞士深度配合纳粹的掳掠和金融活动。然而，只有西班牙派遣了一支规模不小的部队和德军共同作战，但是活着回国的人发现自己的国家已满目疮痍，尚未从内战中恢复过来。

在所有主要参战国中，军事科技以及战地医疗技术都取得了长足的发展，战后，这些成就发挥了很大作用。新式坦克、飞机、战舰以及火炮得以开发并投入实战，雷达、喷气式飞机、弹道导弹、核武器是战时投入使用的最了不起的技术成果，战后得到持续发展。最极端的破坏行动，是日本人释放的成千上万只携带燃烧弹的气球，他们希望用这些气球烧毁美国和加拿大的西海岸，然而造成的人员伤亡和破坏实在有限。大规模输血以及新型药物（如青霉素）挽救了千万伤兵的性命，并成为战后的基础医疗方法。所以说，虽然“二战”期间物质破坏巨大，但毕竟也有几样有益的技术进步。 109

第八章

# 盟军获胜，1944—1945

## 轴心国

到了1944年春天，德国征服全世界的愿望显然已经破灭。希特勒及其亲信幻想那些与轴心国对着干的国家之间的盟约能自行解体，或者于当年击败盟军在西线的进攻，然后德军可以从西线抽调大批部队加入东线作战，彻底打败之前已经损失惨重的苏联红军。与此同时，德国计划继续推行他们的首要任务——在其力所能及的区域内杀光所有犹太人，至于这样的屠杀行径对他们的作战行动能带来什么影响，不在他们的考虑之内。

在意大利，接替墨索里尼上台的新政府向盟军投降，并在盟军的密切监督下于意大利南部开始执政。这个政府征召了一些军人和盟军一道作战，但是也只能眼睁睁看着意大利更大片的国土遭受战火蹂躏，看着墨索里尼时期德国人扶植的傀儡政府在意大利北方为所欲为，那里活跃着的游击武装不是忙于打击德寇，就是忙于自相残杀。日本政府曾经和德国商议妥当，两国将沿着东经70度线瓜分亚洲。然而，即使1944年夏日军发动的“一号作战计划”取得了巨大胜利，也难以抵消其在印度、马里亚纳群岛和西南太平洋所遭受的接连失败，再加上东南亚航道上日益增加的船只损失，垂死挣扎似乎是他们的唯一选择。 110

## 盟军

西方盟国准备一直战斗到轴心国无条件投降为止。这一次，人们绝不允许战败国再像第一次世界大战后的德国那样口称冤枉，不承认失败。美国政府领导人下定决心，这次大战结束后，不能再像前一次那样置身事外，而应积极参与建立一个国际组织。苏联政府当年的真实意图我们无从知晓，要等到莫斯科的总统档案完全解密才行（我们希望解密的时候，记录总统档案的纸张还没有烂透，上面的字迹还能辨别得出），不过有几点是确信无疑的。苏联计划扩张其领土范围，并将其影响力扩大到欧洲，影响得越深远越好。虽然苏联曾被国联开除，但在这次大战以后，苏联必须加入某个国际组织，防止德国死灰复燃，再度发动侵略战争。您别忘了，当时所有领导人都深刻认识到这样一个事实：德国在第一次称霸世界的企图失败后，仅仅过了二十年，就再次发动妄图称霸世界的战争！所以，各国领导人都把注意力聚焦到了如何避免悲剧重演上，他们所制订的一切计划都基于这个认识。



在伊朗首都德黑兰召开的会议上，盟军原则上同意1944年的大反攻将在欧洲所有主战场展开，尤其是将在法国地中海沿岸发动登陆作战，以策应跨越英吉利海峡的作战行动。虽然丘吉尔依然疑虑重重，代号为“霸王行动”的横渡英吉利海峡的战役还是如期发起；计划在法国里维耶尔发动的登陆作战代号为“铁砧作战计划”（后来改称“龙骑兵行动”），虽遭到英国更加强烈的反对，最后也如期打响。盟军有一个估计是完全正确的，即如果在意大利、法国以及东线战场同时发动大规模战役，将迫
111 使德军首尾难顾，无法从欧洲任何战场分兵增援。另外，盟军在西线实施的欺骗战术也很成功。德军一直在卡利斯地区和挪威两地严阵以待，结果空等一场，而东线的苏联则诱使德军将预备队部署好，等候苏联红军对驻扎在乌克兰北部的德国陆军兵团进行大反攻，结果，苏军声东击西，虚晃一枪，实际将主攻方向放在防线中部。



按照时间顺序，盟军首先于5月11日在意大利发动大规模进攻。美军与英军艰难突破德军防线，与此前1月份在安齐奥登陆的作战部队会师。美军指挥官克拉克违背常理，未按计划截断一大部分德军的退路，而是奔袭罗马。6月4日，罗马宣告解放，但盟军不得不继续向北推进，以清除意大利中北部的残敌。然而，意大利的战役行动使得德军无法移师增援不久后遭到攻击的其他战线，盟军得以将此前部署在意大利的军队一部派去支援法国南部的登陆作战。

6月6日，英国、美国、加拿大联军在法国诺曼底五处海滩强行登陆。这次行动之所以能够成功，得益于先前的空战、海战胜利。由于德军拼死抵抗，盟军未能把夺取滩头阵地和打入法国内地很好地协调起来，但是，在7月的最后一周，美军突破了诺曼底防线的最西段，并迅速向法国纵深挺进，攻入布列塔尼地区。
112 7月20日，德国国内的反对者刺杀希特勒未果。除了一人，其他

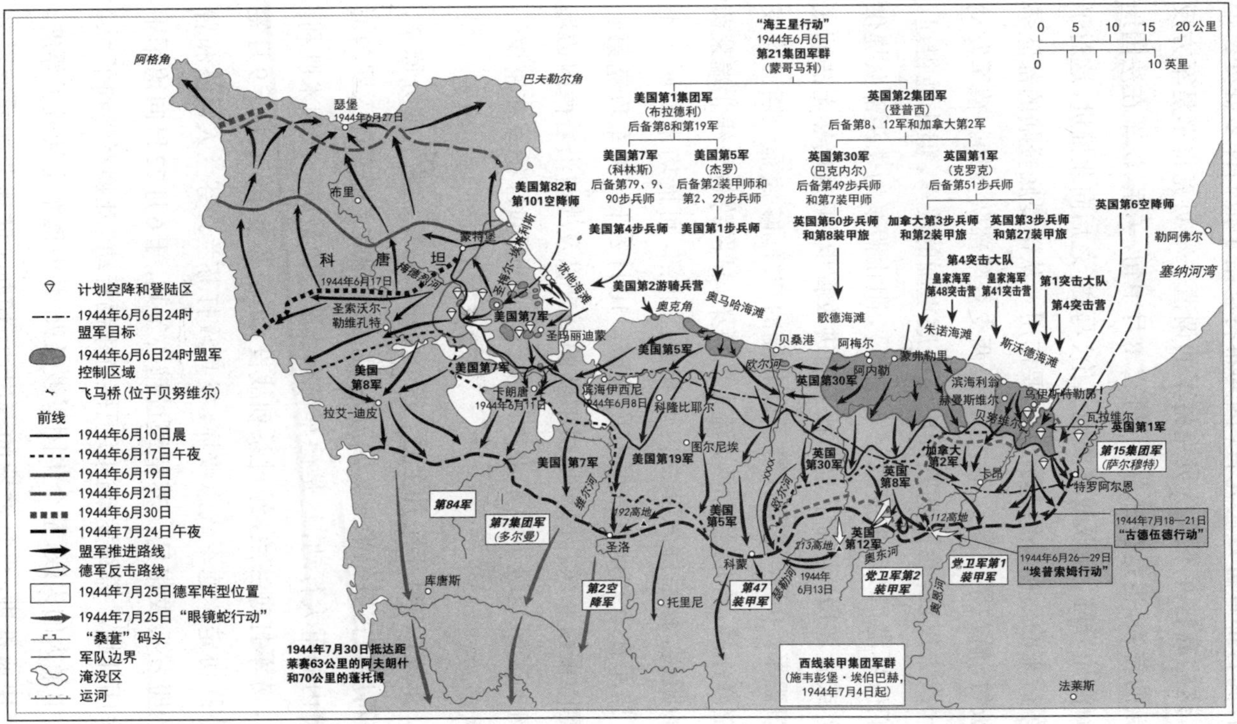


图12 霸王行动，即诺曼底登陆

113

所有高官都宣誓效忠元首，因为希特勒给了他们许多好处。但是，这些高官并不服从贝克将军的调遣——贝克将军是军方反对派的首领，也是前任总参谋长。8月中旬，美军、法军在法国地中海海岸登陆，夺取战略要地土伦、马赛，之后向北推进，这对于盟军后来的后勤补给起到了重要作用。从诺曼底登陆的部队势如破竹，解放了巴黎。不久以后，两支登陆部队会师。德军发动了一次大反攻，企图切割冲出诺曼底重围的美军，但未能得逞。他们破坏港口（后来变成坚守港口），阻止盟军为先头部队提供给养或者增援，迟滞了盟军秋天的进攻脚步，但是仍然无法彻底击溃盟军。9月，德军打垮了最北端的空降师，盟军一连三次发动空降作战，夺取莱茵河支流上的桥梁，试图跨越防线北端莱茵河的阻碍，然后深入荷兰内地和德国北部，可惜均未如愿。不过，盟军在有些地方依然有所突破。10月21日，美军攻克第一个德国重镇亚琛。德军增援部队的到来以及战前沿着德国边境构筑的工事延缓了盟军进攻的步伐。与此同时，德军在密谋一次大反攻。

东线，1944年头几个月，苏军肃清了乌克兰的大部分德军，4月再度攻占克里米亚。四五月间，德军挫败了盟军深入罗马尼亚境内的重大行动，这是德军在东线取得的最后一次战术胜利。6月，苏军打进芬兰，经过系列战役，迫使芬兰求和，并于9月签订停战协定。德军气急败坏，发兵攻打芬兰。芬兰人最终和曾经的盟友兵戎相见。苏军经过精心策划，于6月22日向德军中央军团开战。盟军发动的“巴格拉季昂行动”让德军尝到了“二战”中最大的失败，整个集团军被歼灭，数万德军士兵成了俘虏。苏军快速推进，直抵波罗的海岸边，切断了防线北端的德军部

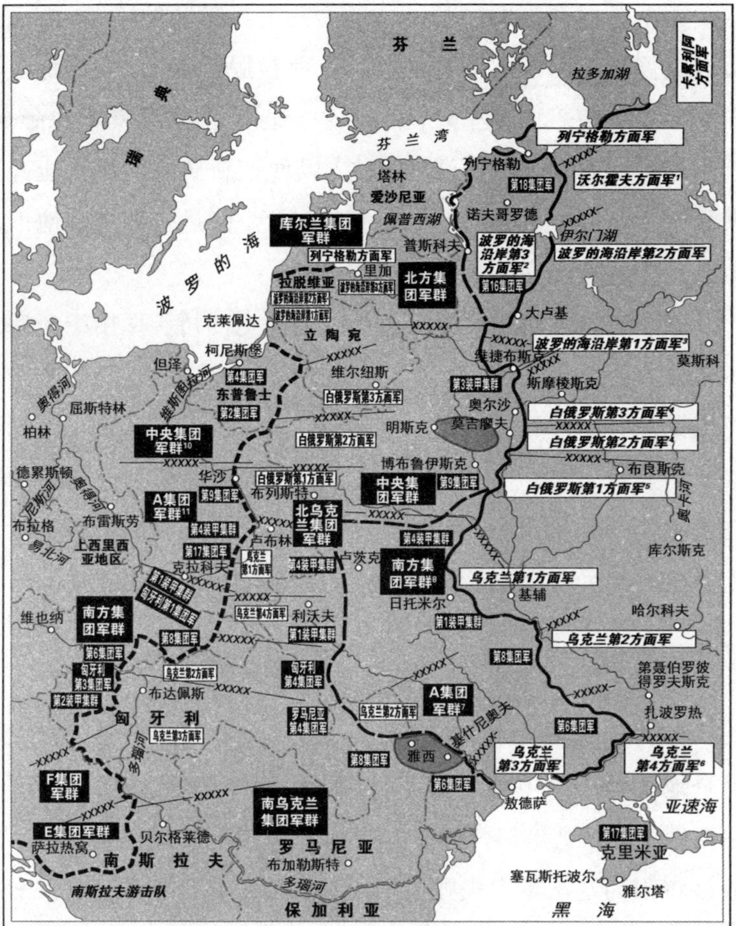


1943年12月的前线
1944年6月中旬的前线
1944年12月末的前线
xxxxx— 集团军群/方面军分界
陷入包围的德军
1941年6月21日的国界
第6集团军　德军编队
波罗的海沿岸第1方面军　苏军编队

0　100　200　300　400　500 公里
0　100　200　300　400 英里

1 于1944年2月撤消
2 组建于1944年4月21日，于1944年10月16日撤消
3 于1945年2月撤消
4 1945年4月前为西方面军
5 1944年2月前为白俄罗斯方面军
6 撤消于1944年，于同年8月重组
7 1944年4月重组为南乌克兰集团军群，同年9月重组为南方集团军群
8 1944年4月重组为北乌克兰集团军群，同年9月重组为A集团军群
9 1945年1月更名为库尔兰集团军群
10 1945年1月更名为北方集团军群，于同年4月2日撤消
11 1945年1月更名为中央集团军群

图13　苏德战争，1943—1944年

队。德军仓促间重新打开了一条通向前线部队的走廊，然而随后一支德军主力部队被分割包围在西拉脱维亚，他们在那里坚守到战争结束。原地坚守是希特勒根据海军建议所下的命令，因为德国海军需要控制波罗的海，以便把新研制的潜水艇开进来测试。防线中段的苏联红军挺进波兰，但是随着华沙地下武装活动的兴起，苏军止住了进攻的脚步。

苏军攻取维斯图拉河以及纳雷夫河上的桥头堡用于稍后的冬季攻势。与此同时，苏军于8月末攻入罗马尼亚，随即罗马尼亚倒戈，协助苏军占领保加利亚，打进匈牙利。匈牙利一度想从战争中脱身，德军干脆于1944年3月占领了匈牙利全境。德国在占领匈牙利的短暂时间内，杀害了匈牙利境内的大部分犹太人。苏联红军进攻匈牙利，德国被迫抵挡。



## 欧洲，1944—1945年冬

1944年12月中旬，德国孤注一掷，将最后的预备队投放到阿登地区，与美军拼死一战。德国的如意算盘是这样的：夺回战略要地安特卫普港口，经过一场大战，美国落败，接着，美国国内战线将因为这次重大失败的影响崩溃，美军不得不退出欧洲战场；同样的套路再给英国也来一次，从而可以腾出大量德军用于东线作战。这场攻势猝不及防，一时间迫使美军稍稍后撤，史称“突出部战役”。美军稳住了阵脚，最终德军大败，德军人员、装备损失惨重。1945年2月，西方盟军再次展开大规模进攻，由于德军在莱茵河左岸集结并损失了大量部队，盟军很快突破最后一道防线，攻入德国境内。

1945年1月，苏军在战线中部和匈牙利两地再次发动进攻，攻入德国和奥地利，虽然这两个地方的德军负隅顽抗，苏军还是于4月份包围了柏林，在柏林南边的托尔高与美军会师。5月初，意大利境内的德军投降。希特勒于4月30日自杀后，继任者邓尼茨海军上将于5月8日下令全线德军无条件投降。除了极少数例外，德陆、海、空三军全部遵令放下了武器。 116

## 盟军在东亚、太平洋的攻势

东亚和太平洋战场上，英军重新占领缅甸，准备实施定于1945年9月在马来亚登陆的作战，代号“拉链行动”。美军在马里亚纳群岛、新几内亚西北岸、莫罗泰岛和帕劳群岛成功登陆，为后面1944年10月登陆菲律宾中部的莱特岛铺平了道路。因为日军拼命抵抗，试图击败美军登陆部队以及负责掩护的海军，莱特岛上的战斗异常艰苦，海上的战斗也是如此。虽然日军的增援延缓了美军的夺岛速度，但美军在攻占莱特岛以后才发现这个岛根本不适合按原计划用作进攻吕宋岛的空军基地，只好于12月中旬继续作战，夺取民都洛岛。这次海战，美军大获全胜。虽然美军舰队司令哈尔西上了当，没有保护登陆部队，而是下令追击一支负责诱敌的日军舰队，好在美军护卫舰和驱逐舰勇猛异常，加上日军指挥官栗田健男判断失误，误以为面对的是美军舰队主力。极具讽刺意味的是，在苏里高海峡参战的多数美军战舰都是日军以为在1941年12月7日偷袭珍珠港时被他们“击沉”的，实际上，那些战舰被打捞了起来，经过维修后归队服役。



美军于1945年1月往北进攻吕宋岛，经过一系列苦战，最终解放了马尼拉。1945年3月，日军指挥官山下奉文率领的部队 117

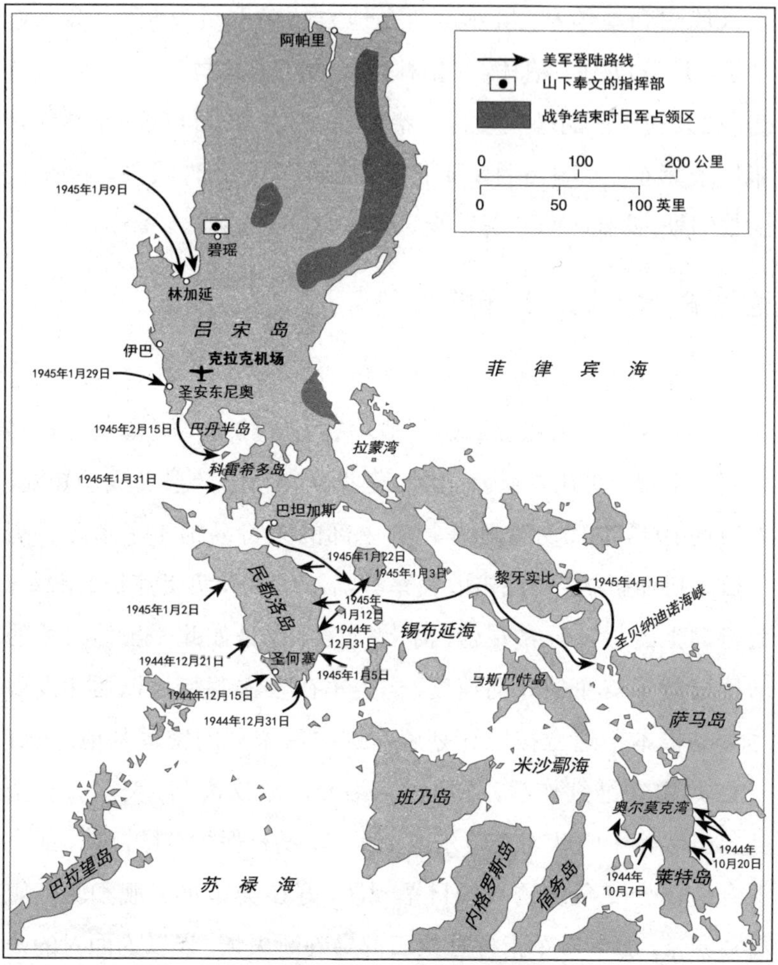


图14　1944—1945年菲律宾战役

在马尼拉烧杀淫掠，无恶不作，这支部队于1942年2月在新加坡也曾犯下同样的滔天罪行。这支日军部队一直盘踞在吕宋岛北端，直至日本战败投降。而美军则在菲律宾中部、南部其他岛上实施了一系列登陆作战。就在菲律宾战役期间，日军开始使用飞机进行自杀式攻击，称为“神风特攻队”。这些自杀式飞机俯冲撞入美军舰队，对很多战舰造成巨大破坏。后来又采用大飞机在上、数架小飞机悬挂在下，飞到目标上方后，释放小飞机实施攻击的作战方式，但效果很差。日军还开发研制并使用越来越多“回天”自杀式潜水艇及其他自杀式船只，同样收效甚微。前面提到的日本释放成千上万只气球燃烧弹漂洋过海，对美国、 118
加拿大西海岸的森林、城市进行纵火，是“二战”所有参战国中最具有破坏性的设想，实际效果也最差。

1945年2月间，美海军陆战队登上位于菲律宾和日本岛之间的小笠原群岛中的硫磺岛，岛上有几座日军机场。经过浴血奋战、付出惨重代价之后，美军控制了该岛。为向日本本岛发起打击，必须有一个大型机场，为此，美军组建了一支新的部队，于1945年4月1日登上了冲绳岛（琉球群岛岛链中最大的岛屿）。这个时候，英军已经在太平洋战争中发挥作用了，他们出动了一支海军舰队，在美国海军、陆军对日军最血腥的战斗中负责掩护。这场战斗主要集中在冲绳岛南部，虽然美军在开战后几天就夺取了主要机场，但是打了三个多月才最终占领全岛。

冲绳战役期间，澳大利亚、美国军队开始对盘踞在荷属东印度群岛上的日军展开进攻。1945年5月到7月间，在婆罗洲岛上，经过一连串恶战，美、澳军队占领了该岛的大部分，也控制了岛上重要的油田，接着准备于9月份攻占爪哇岛。有大量日军固守在东印度群岛的许多岛屿上，直至9月份才投降。



## 最终击败日本

对日最后一战，一共计划发动三场大的战役。一、1945

图15　冲绳战役

年11月的“覆灭行动”，目的是在日本南方九州岛登陆；二、“奥林匹克行动”，目的是为在东京湾及其周边登陆提供基地；三、1946年3月的“小王冠行动”。在前两次作战行动中，上场的是美军，“小王冠行动”则由英联邦军队和法国军队执行。

119

盟军原计划从中国大陆和台湾岛向日军发动进攻，由于日军发动“一号作战计划”，原计划泡汤了。但是按约定，苏军将出兵中国东北、朝鲜半岛，死死拖住那里的日军，并从北方出动飞机对日本本土进行轰炸。盟军最大的担忧是占领日本以后，广泛 120
分散在东亚、东南亚、太平洋一些小岛上的一百多万日军会顽抗到底、死不投降。要是那样的话，盟军只有通过发动“小王冠后续行动”成全他们“玉碎”的决心了。和欧洲、北非战场不同，对日作战中，日军士兵很少投降，即使有，一般也是伤兵或是从当地强拉来的壮丁，自始至终都没有出现斯大林格勒、突尼斯那样整支队伍的投降。



盟军不早不晚，于1945年7月在德国波茨坦发布《波茨坦公告》，敦促日本政府投降。美军从截获的情报得知，日本外交官也向东京的内阁提议投降，遭到“一致拒绝”。美国总统杜鲁门和国防部长史汀生商议后，在征得英国和苏联政府同意的前提下，决定动用最新研制的原子弹，迫使日本投降。最初西方大国与德国展开军备竞赛时，盟军确信德国人在原子弹研制中毫无进展，便继续致力于这一领域的研制开发。为了配合“奥林匹克行动”，美国人决定先使用一颗原子弹轰炸日本城市；一颗不行，就用两颗。如果日本还不投降，后面再生产的原子弹就等到正式发动“奥林匹克行动”时再用。

日本不但拒绝《波茨坦公告》，而且积极制订防御计划阻遏盟军攻入日本（他们预估盟军进攻的地点完全正确）；日本政府认为，如果日本计划以死亡两千万人为代价，估计盟军就会不好意思再强迫日本投降。日本试图争取苏联居中调停，同意日本通过谈判来结束战争，或者干脆争取苏联站到日本这边来，结果

被证明完全是痴心妄想。美军飞机主要从马里亚纳群岛起飞，
121 对日本进行大规模空袭，日本大城市多数被毁，造成大量伤亡，以东京伤亡最严重。尽管如此，东京的领导人无动于衷。第二颗原子弹爆炸以后，日本内阁开始出现分歧。有一半内阁成员认识到，原来要几百上千架次飞机投掷成千上万枚炸弹才能造成的破坏，如今只需要一架飞机投下一枚炸弹就能做到，这样下去，盟军根本不用攻入日本，就可以让日本本土绝种。所以，他们放弃了原来制订的防卫计划，主张投降。裕仁天皇眼看大势已去，估计也听从了顾问们的意见（顾问们担忧内乱，更担心苏联加入太平洋战争），召开御前会议，亲自下诏投降。

日本作战部长阿南惟几本人希望战争继续打下去，同时又想效忠天皇、接受投降，左右为难，最后一狠心，宁肯自杀，也不愿意参与一场由死硬分子策划的政变，政变遂告失败。为了让日本人更愿意接受无条件投降，盟军做出让步，承诺如果日本人愿意，可以保留天皇，但是必须处于盟军控制之下；根据英国提议，盟军也可以答应日本委派官员签署投降书，不必天皇本人亲笔签署。裕仁天皇于是派遣特使（包括军队指挥官家属）亲赴前线，向各前线指挥官宣读投降诏书，督促日军全体投降。这样一来，盟军也就没必要按照原计划发动“小王冠后续行动”了，日本和首都东京也没有被划分为占领区。美军和英联邦军队占领并控制着日本。日本政府和行政仍然由日本人自己掌握，但是，必须按照盟军最高司令长官的指令加以改革。有极少数日军拒不投降，一直顽抗到20世纪70年代，但总体来说，天皇的投
122 降命令得到了执行。

# 结　论

历史上最大规模的战争结束了。这场战争共造成六千多万人丧生，其中大部分是平民。伤亡最大的要数苏联，两千五百多万，其次是中国，至少一千五百万。其他国家也蒙受巨大损失，但是没有任何国家的损失比波兰遭受的蹂躏、冲击、劫掠和毁灭更严重。欧洲大部、东亚、东南亚、北非局部地区遭受巨大破坏，经济停滞。新式武器的问世，如德国的V-2弹道导弹、美国的原子弹，意味着如果未来大国之间再度爆发大战，地球上的人类很可能灭种。

战争及战争的结束也造成了人口大迁徙。几百万上千万的战俘和被奴役的劳工历经艰辛，回归故土。多数人经过数年努力，如愿回国了；东欧的有些人不愿意回到故国，因为故国现在受苏联统治。侥幸活下来的波兰犹太人发现波兰不想要他们，因而回去是危险的，所以他们更希望到巴勒斯坦落户，但是英国不希望巴勒斯坦接收外来人口。另有几百万欧洲人因为战胜国重新划定边界而失去了家园。德国人没完没了地指责1919年《凡尔赛条约》确立的以人定界的原则，所以在德国实行以界定 123

人。大约一千二百万德国人失去了原来在德国东部、捷克、波兰和其他东欧、东南欧国家的家园，短时间内，出现了人类历史上最大规模的人口迁移。意大利失去了殖民地，部分领土划归南斯拉夫。几百万日本人从殖民地返回日本。日本投降以后，依然保持完整。和德国、奥地利及其首都不同，日本及其首都东京没有被划分为占领区。只有北海道附近的几个小岛被苏联占据，岛上的居民被驱赶，正因如此，苏联（现在的俄罗斯）和日本两国直到21世纪也没有签订和平条约。

在如何处置战犯的问题上，盟国曾发誓要审判、惩罚这些战犯。战后，心中害怕正义来临的很多人就隐姓埋名、四处藏匿，有的在梵蒂冈教廷的协助下逃往南美。新解放的国家面临艰巨的重建工作，还面临如何惩处战争中投敌分子的任务。多数战败国要负担巨额战争赔款。说来好笑，“二战”后遭到肢解的德国赔款额比第一次世界大战后未遭肢解的德国赔款额还要高出许多。除了研制新式武器或改进原有的武器，“二战”也推动了医学进步，此外，人们还发明了一种新的空中运输手段——喷气式飞机，这种飞机彻底改变了战后的运输模式。



不用说，胜利的代价是高昂的，但是失败的后果更加可怕，从这个意义上说，胜利的高昂代价是值得的。回想起来，德国人对犹太人和罗姆人实行的种族灭绝政策如果不加阻止，后面必然还有规模更大、范围更广、有计划的杀戮、饿死以及强制绝育，最终的结果将是地球上只剩下所谓的“雅利安人”，他们唯我独
124 尊。另一方面，“二战”加速了殖民地的解体进程，保持中立的西班牙、葡萄牙以及参战的殖民宗主国都牵涉其中。“二战”的另一个影响，是在大部分苏联人心中，苏联政权开始获得空前的合

法性，不过，随着时间推移，这种感觉渐渐淡了。人类历史上规模最大的战争结束以后，整个世界为之改观。这场大战的性质和结论都在警醒世人，今后对待战争应慎之又慎。 125

# 索 引

## A



## B



## C

## D



## E



## F

## G



## H

## I



## J



## K



## L

## M



## N



## O

## P



## Q



## R



## S

## T



## U



## V

Gerhard L. Weinberg

# WORLD WAR II

## A Very Short Introduction

# Contents

# List of maps

# Introduction

For decades, 11 November was remembered as the day on which the fighting stopped in 1918 in what was long called 'The Great War' before many started to refer to it as World War I. Both the memorializing of the end of the conflict that raged around the world from 1914 to 1918 and the name it was given reflect the unprecedented enormity of the casualties and destruction incurred in that conflict. There had been exceedingly bloody wars before 1914, and some had included fighting on lands and oceans around the globe, but none had drawn in so many countries and colonial territories, involved directly or indirectly so large a proportion of the people on earth at the time, and ended the lives of such vast numbers even as it uprooted empires and dynasties. If at its end there was such great relief and a widespread hope that nothing like this would ever happen again, we must wonder how it was that a mere 20 years after 1918 there was a near repetition and then, one year later, a second, worldwide, conflagration did begin.

Some who look back on World War II insist that one should consider it to have begun in 1931 with the Japanese seizure of Manchuria, or in 1935 with the Italian invasion of Abyssinia/Ethiopia, or in 1936 with the outbreak of the Spanish Civil War, or in 1937 with the start of open hostilities between Japan and China. The view taken here is that these conflicts were of a different sort. Both of the dates from east Asia marked a resumption of local expansionist drives by Japan;

the Italian operation in northeast Africa was a resumption of Italy's colonial expansion; and the Spanish Civil War began and remained a conflict within that one country. Although in all these cases other powers provided aid to one side or another, there was no open participation of countries other than those immediately engaged. It is true that Japan, in December 1941, deliberately joined the wider conflict that Germany had initiated in 1939, but this choice, to be examined in Chapter 5, was in no way foreordained. Since 1945, there have been wars between individual countries and civil wars within countries, but there has—most fortunately—been no instance of worldwide military hostilities.

If for the purposes of this study the war reviewed began in 1939, why should it be considered a world war from the beginning rather than a European war that, like many of its predecessors, became a world war only in and after 1941? Although the war started in Europe, it had worldwide aspects and participants from the very beginning. Germany, which initiated the conflict, had ambitions that embraced the whole globe, as will be demonstrated in Chapter 1. The Allies included Canada, Australia, and New Zealand right away, with the Union of South Africa joining them a few days later. The French and British colonial empires were also involved from the very beginning as shown by the soldiers from French colonies in Africa who fought in France—and where thousands were shot by the Germans after surrendering—and by the raising of the war's largest volunteer army in India. Although Italy's participation did not begin until June 1940, it brought with it a more direct involvement of the African continent; and no one would suggest that the anti-British uprising in Iraq and the fighting in Syria in May and June of 1941 occurred anywhere but in Asia.

The war on the oceans was also worldwide from the beginning. Just two examples: the battle between the German pocket battleship *Graf Spee* and the British cruisers *Exeter*, *Ajax*, and *Achilles* off the coast of Uruguay in December 1939, and the assistance the Soviet Union provided to Germany, sending an auxiliary cruiser across the passage north of Siberia in 1940 so that it could sink Allied ships in the Pacific. Both the German submarine campaign and British efforts to intercept German merchant ships also occurred all over the globe.

If, therefore, World War II is considered as having begun in September 1939 with the German invasion of Poland and ended in September 1945 with the surrender of Japan, how did this come about? There has been almost endless argument over who was responsible for starting World War I, but very little about German responsibility for initiating World War II. A major issue that forms the focus of Chapter 1 is why and how this happened in a world where the memory of the prior terrible war was exceedingly vivid in the memory of all adults who had survived it. Since Germany started the war expecting to win it, and for a while appeared to have a reasonable chance of accomplishing that aim, how did it come to be that the Allies won? Subsequent chapters will examine that question. They will do so in a manner that includes both those who became involved on Germany's side and those who found themselves on the side of Britain and France, whether when attacked, like the Soviet Union and the United States, or through joining willingly like Italy, Japan, Hungary, Finland, Romania, Bulgaria, on one side, and most countries of the western hemisphere on the other.



Because the war developed into the greatest such conflict in history, it will also be necessary to engage the changes the war produced within the belligerents and the empires that some of them had had before they became involved. Something will also need to be included about the dramatic changes in weapons on the one hand and medicine and technology on the other hand. The computer on which the text of this book is drafted, for example, may serve as an illustration of the way new mechanics developed and applied during the war now affect the daily lives of people in the present and into the future.

# Chapter 1
# The inter-war years

## The 1919 peace conference

The representatives of the victorious powers who drafted the peace treaties with Germany, Austria, Hungary, Bulgaria, and the successor of the Ottoman Empire faced numerous complicated problems. How to treat the defeated Central Powers; how to deal with new states emerging from the ruins of the Russian, Austro-Hungarian, and Ottoman empires; how to handle the conflict between China and Japan over the former German colony in China; what to do about the other German colonies; and how to reduce the danger of a disaster like the one just ended from occurring again. Although rarely mentioned in the literature on the Paris peace conference of 1919, it is helpful to see many of these puzzles as facets of a fundamental issue: how to reorganize Europe and territories elsewhere as the basic assumption of territoriality shifted from the dynastic to the national principle. That problem had not bothered the peacemakers of 1815 after the upheavals of the French Revolution and Napoleonic Wars. In the thinking of many in Paris, it was the failure to adjust to the national principle, obvious in the Balkan Wars of the early 20th century and the struggle between Serbia and Austria-Hungary, that was largely responsible for the conflict which had just ended.

The efforts of the peacemakers to engage with this fundamental issue—how to facilitate a shift from states based on allegiance to a dynasty to states based on the national identity of their people—were not entirely fair or reasonable, but they have rarely received the credit they merit. The number of people who believed themselves under rulers alien to themselves had been greatly reduced in Europe. Furthermore, there were three aspects of the peace settlement as a whole that fitted into this effort at adjustment and should be so seen. Several of the new states in Europe were obliged to sign treaties promising to respect the rights of national minorities living within their newly redrawn national boundaries. This system for the protection of national minorities did not function as well as its creators had hoped, but they do deserve credit for their efforts. The second feature of the peace settlement that fits into this concept of adjusting boundaries to nationality was the provision for plebiscites in several areas in Europe in which the inhabitants would vote on what nationality they considered themselves to be, with the intention that the boundaries drawn thereafter should reflect their expressed preferences. Here too problems would arise, but once again the idea deserves credit.



The third aspect of the peace settlement that focused on this new direction of the ruled rather than the rulers could be seen in the arrangement for the German colonial empire and the non-Turkish portions of the Ottoman Empire. Very small parts of German colonies, Cameroon and Togo in west Africa, were incorporated into adjacent British and French colonies, and a tiny piece of German East Africa (Tanzania) was added to the Portuguese colony of Mozambique, but the bulk of Germany's colonial empire was turned into what were called 'Mandates', as were the parts of the Ottoman Empire allocated to Britain and France. The mandates were classified into three categories: the As could expect to become independent states fairly soon; the Bs could expect this process to take longer; and the Cs could expect to be under outside control for a long time. These countries were allocated to different victor countries until they could attain independence, and their new rulers were expected to report on them to a special committee of the newly established international organization. There is a significant difference between this procedure and that after prior worldwide conflicts when territories like parts of India, Canada, and other portions of the Western hemisphere, Asia, and Pacific islands were transferred from one colonial empire to another without regard for the possibility that the inhabitants might prefer at some time to be ruled from their own capital rather than from London, Paris, Madrid, Lisbon, Washington, Tokyo, Rome, or elsewhere.

Two additional innovations must be mentioned. With considerable American influence, a new international organization called The League of Nations was created. Its charter, called the Covenant, was included as the first part in each peace treaty. The idea was that the terrible war just past should make a new approach to international relations necessary in the hope of preventing any further repetition. There would be a permanent international forum for the discussion of whatever issues were pressing at the time; a mechanism for watching over minorities, mandates, and plebiscites; and a collective form of protection for the independence of each member of the organization. It would not work out as well as hoped for, but the concept introduced a new element into international relations that played a part in the thinking of people and leaders for the rest of the century.

The other innovation was the inclusion in the peace treaty with Germany of a provision for trials of war criminals. This was one of the provisions most hated by the Germans, and eventually there were no international trials; instead responsibility shifted to a German court meeting in Leipzig. Those trials proved to be a farce that led to a different approach during and after World War II, but again the concept brought a new element into the way people came to think about the horrors of war. It was not surprising that the captain of a submarine who had torpedoed a hospital ship and then ordered the machine-gunning of lifeboats with survivors could expect a great career in Germany after the National Socialists came to power there, but the treaty demonstrated a new way of considering such activities.

Since both Austria-Hungary and the Ottoman Empire disappeared at the end of the conflict, it was the peace treaty with Germany that was of the greatest importance. It was in it that the shift from the dynastic to the national principle proved both most important and most controversial. Although it was the newest of the great powers, having existed for less than half a century, Germany was not broken up. The people living there clearly thought of themselves as Germans more than as Prussians, Würtembergers, Saxons, or Bavarians. On the one hand, territory taken from others in the preceding century and a half would be returned to prior owners: France, Denmark, and Poland; but no substantial portion of territory clearly inhabited by Germans was turned over to the victors. These decisions of the peacemakers raised serious questions for the future.

In connection with the return of lands to Denmark and Poland, plebiscites were to be held in areas where there was doubt as to where the new boundary should be placed, and this was also provided for the Saar territory that would go on to be separated from Germany for 15 years. The return of land taken from Poland aroused the most violent objections in Germany. In the three partitions of Poland in 1772, 1793, and 1795, the rulers of Brandenburg-Prussia had seized large areas from that country in a process that brought Russia closer to central Europe and, in the first, created an east–west corridor connecting Brandenburg and Prussia. The return to Poland of much of the land taken from it, which, as pre-1772, meant a corridor running north–south, was considered an outrage by many Germans even though Poland had existed as a state many times longer than had Germany. One facet of this outrage was of enormous importance then as it has been in subsequent decades. Very many Germans thought of the Poles and other Slavic peoples of Eastern Europe as racially and culturally inferior. The concept of asking people to vote whether they were Germans or Poles implied an equivalence considered insulting to many Germans, who thought of themselves as an entirely different category of human beings. When the German delegation at the peace conference persuaded the victors to substitute a plebiscite in Upper Silesia for its transfer to Poland as originally intended, with the implication that it might be divided as it eventually was, this was seen by many Germans not as a major success for its negotiating team but rather as another insult to their self-perception. The fact that many of the German states including Prussia, Bavaria, and Oldenburg had been and continued to be non-contiguous until 1945 was invariably overlooked.

Another aspect of great importance was the argument over Germany's western border and the way the peace conference resolved it. Since France had been invaded twice by the Germans in the recent past—in 1870 and in 1914—the French were concerned about possible future German aggression, in much the same way that many had worried about future French aggression in Europe in 1815. The option of detaching the Rhineland from Germany and creating a separate state there was considered seriously, but while this could protect France from invasion by Germany, it would involve a drastic violation of the national principle. At the insistence of the British and American delegations, the Rhineland was to remain with Germany under arrangements designed as an alternative protection for France and Belgium. The land west of the Rhine and the zone 50 kilometres east of it were to be and remain demilitarized. Furthermore, Britain and the United States signed treaties of guarantee with France that guaranteed they would come to the assistance of France if Germany did invade again. It was believed that these arrangements would provide security for France while upholding the national principle. Germany would retain the area but be discouraged from attacking France as that would mean automatically being at war with Britain and the United States. Germany would also be obliged to respect the independence of Poland and the small states that had arisen out of the Austro-Hungarian Empire since its own door to invasion from the west would be locked open by the demilitarized zone. However, the refusal of the United States' Senate to ratify the treaty of guarantee followed by Britain's refusal to be sole guarantor contributed to the collapse of the structure of peace in the 1930s. With the United States removing itself from the treaty system it had helped design, enforcement was left to the countries that had been most weakened by the war—and this encouraged the defeated to try again.

The treaty with Germany had two further categories of provisions the Germans greatly resented and found ways to undermine or disregard. These were limitations on Germany's military and provision for reparations. The Germans had introduced into warfare the bombing of cities far removed from the front, and the Allies, not sharing their enthusiasm for this approach, prohibited Germany from having a military air force. Nonetheless, the Germans learned in World War II that others would reciprocate if they insisted on bombing cities, but after 1918 they utilized facilities provided by their Soviet friends to evade this restriction. They did the same thing when barred from developing armoured vehicles, and turned to other venues to circumvent the prohibition on submarines. As for the treaty's limitation on the size of their army to 100,000, this was evaded by, for example, training up militarized police. While the treaty had been made law by the German parliament, the highest German military commanders, despite having sworn an oath on the constitution and the laws of the republic, took great pride in breaking that oath as frequently as possible.



After previous wars, the victors had frequently imposed an indemnity on the loser, a recent example being the indemnity the new Germany imposed on France in 1871. Those drawing up the peace treaty put this differently. The bulk of the fighting and attendant destruction had taken place outside Germany, so the term 'reparations' utilized in the treaty and subsequent negotiations and debates was to show that instead of being fined for losing, Germany was to pay the costs of repairing the damage it had caused. The long and complicated story about reparations cannot be reviewed here, but the key outcomes must be mentioned since they affected subsequent events inside both Germany and the victor countries. To avoid paying reparations, the German government in 1923 deliberately destroyed the value of its currency through inflation and in 1931–2 turned to drastic deflation. The result internationally was that Germany paid very little and the victors had to pay their own repair costs, leading to them being further weakened as a result. The effect in Germany, however, was a tremendous dissatisfaction domestically with the government and greater willingness to support the different type of regime the National Socialists advocated.

## Germany after World War I and the rise of Hitler

In the confused situation inside Germany after a defeat that practically no one had anticipated, various groups and individuals came forward with explanations for what had happened and proposals for a different future. Many of the military and some of the political leaders argued that Germany had not been defeated at the front but had been stabbed in the back by socialists, communists, Jews, and other allegedly subversive elements. As beneficiaries of the defeat they had caused, these now ruled the state. A new system in which there would be no room for domestic differences illustrated by multiple political parties would guarantee victory in future wars for a state led by one leader of the only political party. It was the National Socialist Party led by Adolf Hitler that drew increasing support with such a message. In the erroneous belief that they could control this movement and in the expectation of a different outcome in any future war, the men around the elected president of Germany, Paul von Hindenburg, persuaded him to appoint Hitler as chancellor at the end of January 1933.

In his writings and speeches Hitler had held to the stab-in-the-back legend and had praised the Soviet and Italian fascist systems for allowing only one political party. He had insisted that the road to Germany's future lay NOT in wars to regain the snippets of land lost in the peace treaty—the stupidity advocated by what he called 'Grenzpolitiker', border politicians—but in wars to gain enormous 'Lebensraum', living space, as demanded by a 'Raumpolitiker', a politician of space, like himself. In a few months during 1933, Hitler consolidated a one-party dictatorship in Germany, and simultaneously accelerated the rearmament that had been going on secretly. He explained to the military commanders a few days after becoming chancellor that this was for the conquest and Germanization of vast living space in Eastern Europe.

Hitler assumed that substantial acceleration of the previously secret rearmament would suffice for the first of the wars he intended, that being against Czechoslovakia, with which he planned to consolidate Germany's position in central Europe and increase the army divisions it could raise. New weapons, especially single-engine and two-engine dive bombers, larger tanks, and major warships, would be needed for the next war. And this war would be against France and Britain, the countries that had caused Germany great difficulties in the last conflict. While the defeat of the Western powers was seen as a necessary prerequisite, Hitler's assumption was that in the planned subsequent invasion of the Soviet Union, no new weapons would be needed. His view was that there would be no difficulty in defeating this country of inferior Slavic peoples, who, by what Hitler considered a stroke of good fortune for Germany, had been deprived of their prior, largely Germanic, ruling elite by the Bolshevik revolution and were now governed by, in Hitler's view, incompetents. The crushing of the inferior Soviets would provide the raw materials, especially oil, needed for the subsequent war against the United States. That country, though also racially inferior, was far away and had a substantial navy. In 1937, therefore, as soon as design and production of the weapons for war against France and Britain were well under way, Hitler ordered the initiation of plans for and construction of the intercontinental bombers and super-battleships required for war against the United States, since these, as he correctly anticipated, would take years to design and build.

## The world reacts to Hitler

The countries of the world other than Germany were not prepared to believe that, after the experience of what was then called the Great War, anyone would seriously intend to start new wars likely to involve most of the world. There were all sorts of efforts to limit armaments in the 1920s and early 1930s. While not very effective, these demonstrated what most major powers thought was needed; and Germany's formal withdrawal in 1933 was not taken as a sign of determination for renewed conflict. Similarly, the withdrawal of Japan from naval limitation agreements was answered by the United States, and to a lesser extent by Britain, merely with some minimal naval rearmament of their own. Japan's seizure of Manchuria in 1931 and renewed war with China in 1937 were regarded with disapproval but met no military response from other countries. It was Germany, because of its excellent relations with both China and Japan, that tried hard to mediate the conflict in the autumn and winter of 1937. When the Tokyo government rejected any accommodation with the Chinese Nationalist government, Hitler opted to support Japan. He had also long argued for an alliance with Italy, both because he admired its dictator Benito Mussolini and because it could expand its empire only at the expense of its Great War allies. The same was true of Japan, which made it another opportune candidate for an alliance.

As Germany rearmed ever more openly in the 1930s, the United States' Congress enacted what were called 'neutrality laws'. These laws might have kept the United States out of the 1914 war, but now made another war more likely, being both a discouraging move for France and Britain and an encouraging one for Germany. Neither the French nor the British government was willing to go to war to halt Germany's open violations of the peace treaty. After the enormous casualties of the Great War, the public in both countries contemplated any renewed conflict with reluctance and horror. Britain had disarmed very extensively, and the French had initiated the construction of a major line of fortifications in the hope of discouraging or, alternatively, warding off, any renewed German invasion. People and leaders in both countries were also affected by the endless German complaints about the allegedly excessively harsh 1919 peace treaty. One of the German generals captured in Tunisia in May 1943 was taped commenting to other captured generals in February 1944 that they would all jump to the ceiling for joy if Germany could secure another Treaty of Versailles. However, that recognition came too late for the Germans who had succeeded in persuading many in the victorious countries to allow Germany great latitude in disregarding that treaty's terms.

With Germany becoming increasingly aligned with Italy and Japan, Britain felt further discouraged from confronting Germany. The threats to the British Empire and Commonwealth around the globe made for caution in Europe as well as the Mediterranean and east Asia. Bitter internal divisions weakened the position of France at the same time as it knew itself deprived of the support from the United States and Britain which it had been promised in exchange for leaving the Rhineland within Germany. When the Germans broke the other part of that arrangement in March 1936 by remilitarizing the Rhineland, the French government decided they would still not respond with military action. Treaties that France had signed with several of the new East European states were not seen as effective substitutes for the Franco-Russian alliance of the pre-1914 era, and a treaty with the Soviet Union agreed to in 1935 did not look helpful when the Soviet leader, Josef Stalin, was decapitating that country's army by a massive purge and there was no common border between Germany and the Soviet Union.



When, in March 1938, Hitler ordered the German army to march into Austria, no country was willing to fight for the independence of a people who, as the pictures and reports showed, were delighted to lose it. It would take the Austrians seven years of being German to discover that they were not German after all. However, the annexing of Austria had several significant immediate effects. Hitler's support within Germany received another boost; Germany acquired substantial economic assets as well as new borders directly with Italy, Hungary, and Yugoslavia; and Germany greatly increased its threat to Czechoslovakia.

## The crisis over Czechoslovakia

Hitler expected to invade Czechoslovakia in the autumn of 1938 and to take over almost the whole country, possibly leaving its easternmost province to Hungary and a tiny bit to Poland. This, the first of his planned wars, was to be isolated from outside intervention by geography and propaganda. The geographic aspect was clear from a map of Europe: with the exception of a short border with Romania, the countries bordering Czechoslovakia were all its enemies, with territorial demands on it. The propaganda aspect was the presence inside Czechoslovakia of some three million Germans, primarily living in the border regions of the Bohemian portion of the country. If sufficient attention were focused on the pretended sufferings of this minority, and its members encouraged to create enough violent incidents, the German invasion of Czechoslovakia could be perceived as a deserved punishment with which others would not interfere. After all, boundaries had been drawn to follow the preferences of the various populations; the fact that, in the process, the state of Czechoslovakia would disappear would occur, in Hitler's view, too late for anyone to prevent it.

The German propaganda campaign worked very well, though in the end it had an unanticipated effect. The British government urged the leaders of Czechoslovakia to make extensive concessions to the German minority at the same time as Hitler told them to keep raising their demands. In July 1938, the French government secretly told the Czech government that France could not and would not fight over the issue of the German minority; and the dominions of Canada, the Union of South Africa, and Australia gave London similar warnings. The British prime minister, Neville Chamberlain, still hoped that war could be avoided by offering concessions on the part of the Czech government; and while Winston Churchill publicly criticized this approach, he confidentially advised the Prague authorities that, if he had been in power, he would have followed the same policy.

When it looked as if Germany was about to strike, Chamberlain insisted on flying to Germany. Hitler, who still intended to go to war, could not refuse to receive the British prime minister. Expecting that this demand would not be met, he insisted that Czechoslovakia yield its border areas with both the German minority and its defensive fortifications. To Hitler's surprise and disappointment, Chamberlain obtained the agreement of the Prague government and conveyed it to him in a second meeting. When Hitler then raised additional demands to avoid a peaceful settlement, both the British and French governments recognized that Germany was looking for an excuse for war, initiated mobilization, and made clear that they would fight if Germany struck. In this context, and on learning that the German public still preferred peace, Hitler responded to an appeal from Mussolini—whose country was in no condition for a major conflict, after a war to conquer Abyssinia/Ethiopia and still being involved in aiding the Nationalist armies of Francisco Franco in the Spanish Civil War. Hitler cancelled the invasion of Czechoslovakia and agreed to a third meeting at Munich, where he settled for his ostensible rather than his real aim.



## Germany starts World War II

The Munich agreement, according to which the border area of Bohemia with its predominantly German population was ceded to Germany, has generally been seen as a surrender to German aggression. While it not only led to a worldwide sigh of relief that a general war had been avoided, it was strongly resented by Hitler, who came to see it as the worst mistake of his career. Correctly or incorrectly, he believed that war at that time would have been better for Germany; consequently he not only decided that war would come in the following year, 1939, but that he would conduct it in such a way as to avoid being cheated out of it—which is what he thought Chamberlain had done in 1938. The remainder of Czechoslovakia would be taken at the first opportunity that Germany would help create; the German public was to be whipped up to war fever; and the war against the Western powers that he believed a prerequisite for the subsequent invasion of the Soviet Union would follow. To make it safe for Germany to concentrate its forces in the West, the country's Eastern neighbours had to be subordinated to Germany. In the winter of 1938–9, this subordination was obtained from Hungary and Lithuania, but not in the case of Poland.



The leaders of the revived Poland were willing to make concessions to Germany in serious negotiations. They were prepared to ease transit between the main German territory and East Prussia, and to partition the Free City of Danzig in a manner that would allocate the city itself to Germany, but they would not subordinate the whole country to Germany. Although aware of the country's weak position between a hostile Germany and an equally hostile Soviet Union, they were determined to fight rather than abdicate their independence. This position of Poland coincided with a shift in the policies of France and Britain.

The obvious dissatisfaction of Germany with the annexation of the Czech borderlands, which was supposed to have been Germany's last demand, led to new perspectives in Paris and London. Rumours in the winter about a possible German strike on the Low Countries, Romania, and Poland brought a shift in which both governments came to the conclusion that if Germany attacked any country that chose to defend itself, whether in Western or Eastern Europe, they would come to its assistance. This view was reinforced by Germany's subsequent occupation of the major and central area of Czechoslovakia in March 1939, which showed that it had never been the German minority inside Czechoslovakia that concerned the Berlin government. This step hardened the willingness of the two Western powers to prepare to fight at Germany's next aggression, if the victim defended itself. With this resolution made, Britain introduced its first ever peacetime conscription policy. After the Second World War, it meant agreement by the Allies to the forced transfer of the German minority into Germany. They had cried 'Heim ins Reich', Home into the Reich; they would get their wish in a manner they had not anticipated.

Hitler hoped for an isolated campaign against Poland, which was seen as a necessary preliminary to an attack on France and Britain; however, he was prepared to face all three simultaneously. Since he scheduled the invasion of Poland for the autumn, he expected that winter would delay any serious retaliation from the West. Furthermore, a public alliance with Italy and negotiations with Japan were seen as ways to discourage Britain and France from intervening. However, fighting with the Red Army on the border between the puppet state of Manchukuo and the Soviet client state of Mongolia—the Nomonhan or Khalkin-Gol incident—made the Japanese unwilling to commit themselves at that time. An obvious alternative to agreement with Japan from the perspective of Berlin was agreement with the Soviet Union, which wanted major territorial gains from Poland and could assist Germany in bypassing any blockade when at war with the Western powers.

Relations between Germany and the Soviet Union had been good before Hitler came to power, and Stalin had repeatedly tried to restore them thereafter, but until the winter of 1938–9 Hitler had rebuffed such efforts since the Soviet Union had no common border with Austria or Czechoslovakia. However, the situation was different now. Just as Hitler believed in the racial inferiority of the Slavic people whom he thought Germany could easily crush at the appropriate time, so Stalin believed that fascism was a stage of capitalism, that it was in the Soviet interest for the capitalist states to fight each other, and that the agrarian expansionist doctrines of the Nazis were merely a cover for the real aims of a regime subservient to money interests seeking markets and profits. Disregarding the warning of American president Franklin Roosevelt that a Germany victorious in Western Europe would then turn against the Soviet Union and the United States, Stalin utilized publicly announced alliance negotiations with Britain and France to advance secret negotiations with Germany. Since Hitler expected to take over everything yielded to the Soviet Union and even more once France and Britain had been crushed, he was prepared to offer whatever Stalin wanted. When German foreign minister Joachim von Ribbentrop was sent to Moscow in August 1939 to sign a non-aggression pact and a secret protocol dividing Eastern Europe as discussed in diplomatic contacts, he was authorized to give away even more than Stalin asked for. An economic treaty preceded the agreements signed in Moscow on 23 August and assured Germany of a means to break any blockade as well as a partner in the destruction of Poland.



When Hitler learned that agreement had been reached in Moscow, the invasion of Poland was ordered. Warned by Chamberlain that Britain would stand by its commitment to Poland, he postponed the invasion for a few days in a further effort to discourage London, but then he ordered the attack. This time he had made sure that Germany could not be trapped in any peace talks, as he believed had happened in 1938. Equally, there were no detailed negotiations with Poland, as there had been with Czechoslovakia, and the final supposedly moderate demands on Poland were announced to ensure the backing of the German home front but even these were kept secret until they could be declared lapsed. The German ambassadors in Warsaw, London, and Paris were kept from their posts in the last critical days by a German leader whose only fear, as he told his military commanders, was that at the last moment some 'Saukerl' (utter wretch) might propose a compromise.

Hitler's worry was unnecessary. The British government, which had just signed a formal alliance with Poland, delivered an ultimatum for Germany to withdraw its invading troops and declared war when, as expected, there was no withdrawal. France followed a similar procedure a few hours later. Canada, Australia, and New Zealand declared war on Germany, as, after a short interval, did the Union of South Africa. The colonial government of India declared war while Ireland announced neutrality. The French colonial empire was automatically involved in the conflict, and although Mussolini was not yet ready to join on Germany's side, a new worldwide war was clearly under way.

# Chapter 2
# World War II begins

## The invasions of Poland

As soon as he realized that he could not separate the Western powers from Poland, Hitler ordered war to begin although his timetable had allowed one more day for negotiations. No formal declaration of war was issued. Early in the morning of 1 September 1939, German bombers made a terror attack on the Polish town of Wielun, levelling the community hospital, machine-gunning residents, and killing some 1,200 civilians. Similar attacks on other Polish towns soon followed as the Germans responded to President Roosevelt's plea to spare civilian targets by dropping a bomb on the grounds of the American embassy in Warsaw.

Due to the arguments in preceding years about responsibility for war in 1914, with much attention to the sequence of mobilizations, the Polish government had held back on mobilizing. Its plan for defending large parts of the country against invasion spread its forces too thinly to halt the German invaders at any of the places where they struck. Armoured columns assisted by tactical air support broke through rapidly at several points, and German infantry moved forward with or immediately behind the tanks. At some spots Polish units fought sufficiently well to slow the German advance, but such situations were soon negated by German columns by-passing the defenders (Map 1).

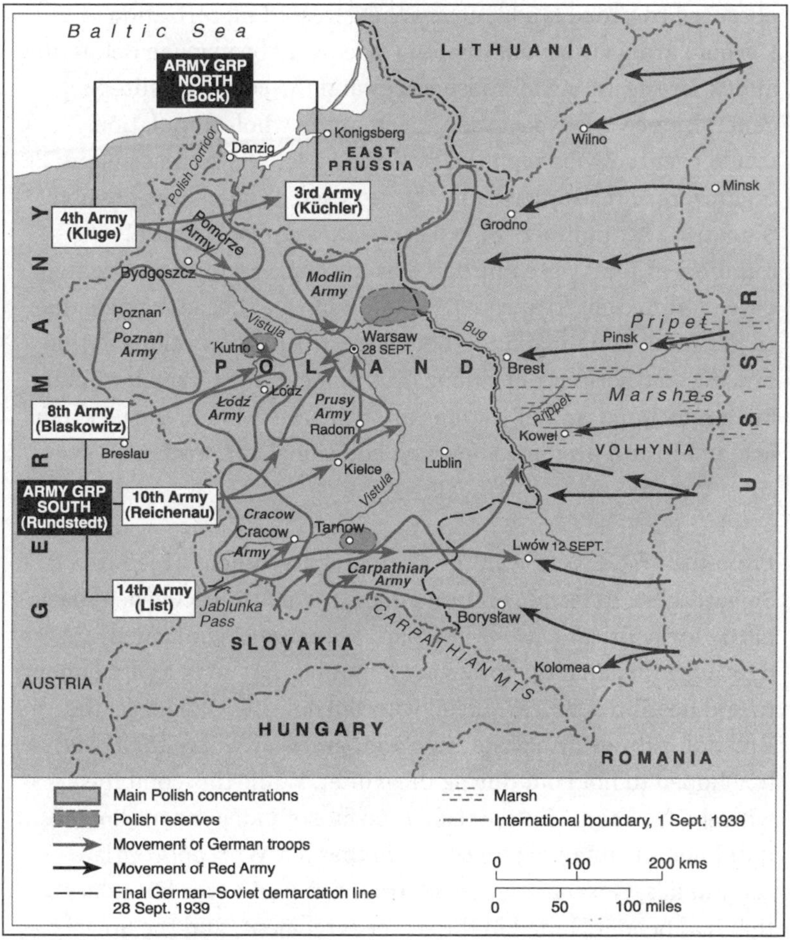


**1. Polish campaign**

Several aspects of the German drive into Poland must be noted. While the employment of massed armour with support from the German air force assisted the rapid breakthroughs and advances, the wear on this equipment in the terrain and poor roads and airfields was considerable, a point German military leaders failed to take into account when preparing to invade the Soviet Union. The heavy dependence of German forces on horses for all varieties of transport from hauling artillery to moving the wounded was obscured by propaganda movies that stressed motorization of the German army far beyond reality. Orders had been given before the attack for the killing of Polish clergy and the country's elite in general, since the expectation was that the whole population would eventually be replaced by German settlers so that potential organizers of resistance had to be removed as quickly as possible. Similarly, vast numbers of Polish civilians and substantial numbers of Jews were murdered as the German military began its descent into ever greater participation in what became genocide. In the campaign in Poland, there were distinct exceptions to this practice and serious objections from some in the German military. Such reluctance and objections drew the attention of the German leadership and produced new and additional approaches subsequently.



From the first days of war, the German government urged the Soviet Union to invade eastern Poland. At first Moscow held back, partly for political reasons and partly because of continued fighting with Japanese forces at Nomonhan. As soon as agreement to end hostilities was arranged with the defeated Japanese, the Red Army drove into eastern Poland, precisely where the Poles had hoped to hold out during the winter. While this combined with the German advance sealed the fate of independent Poland, it did not terminate Poland's role in the war. With appropriate ceremonies, German and Soviet troops moved to the boundary that had been included in the secret agreement; and the Soviets turned over to the Germans liberated German prisoners of war much more speedily and carefully than they would return liberated British and American prisoners of war in 1945. However, several Polish warships escaped to join the Allies, and numerous Polish soldiers also found their way out. Some Polish intelligence specialists made their way to the West, having just before the war provided the British and French with the critical information on their breaking into German enigma code machines.
A government-in-exile moved to London to represent Polish interests among the Allies, was officially recognized by the British

government, and was similarly recognized by the United States and many other countries.

A small British Expeditionary Force (BEF) joined the French forces being mobilized and moved into frontier fortifications; there was, however, no significant offensive move to relieve German pressure on Poland. What little air activity was mounted was strictly limited to attacks on military targets with German cities seeing only the dropping of leaflets. This began to change in 1940 after Germany's air force had carried its programme of terror attacks to cities in the West.

Germany formally annexed both the Free City of Danzig and a very substantial part of Poland. These annexed lands were to be Germanized by expelling large numbers of Poles, the majority of the inhabitants, and many Jews. The Poles were driven into the central portion of the former country now formed into a new unit called 'The General Government' which was subjected to harsh rule as it became the dumping ground for those expelled from their homes. By agreement with the Soviet Union, people of German cultural background from the Baltic States and later from parts of Romania annexed by the Soviets were moved into camps in German-controlled Poland. They were often settled in homes Poles had been expelled from, while others languished for years in camps. The point to be noted is that here, and in the simultaneous movement of many Germans out of the south Tyrol area turned over to Italy after the prior war, one can see the German alternative to the Allied principle of 1919. Instead of trying to adjust boundaries to the nationality of the inhabitants, the boundaries were to be drawn as suited the winner and then the inhabitants were to be adjusted to the new boundaries. While this procedure was applied to the Germans by the Allies at the end of the war, they did not adopt a further policy the Germans applied in parts of Eastern Europe that they conquered. Called the 'Heuaktion', Hay Operation, it involved the kidnapping of many thousands of babies and very young children who looked 'Germanic' and were turned over for adoption to German families.

## War at sea

One sphere in which fighting between Germany and the Allies began in September 1939 and continued until the German surrender of May 1945 was on, under, and over the oceans. German warships and auxiliary warships (converted merchant ships) had in some cases been sent out into the world before the initiation of hostilities, and these now began raiding Allied merchant ships. Other warships were added in subsequent years. A dramatic event in this process was the battle between the German pocket battleship *Graf Spee* and three British cruisers off the coasts of Argentina and Uruguay in December 1939, in which the cruisers were damaged and the *Graf Spee* ended up being scuttled. German submarines began sinking ships on a substantial scale, with the sinking of the passenger ship *Athenia* on 3 September 1939 as a spectacular beginning. The British turned to a system of convoys more rapidly than in the prior conflict, but the 'Battle of the Atlantic' as it was called shifted back and forth thereafter. On the British side, the breaking into the German naval code at times proved helpful in routing ships and convoys around German submarine dispositions. These were frequently arranged in packs directed from and reporting to special headquarters on land by radio. When sighting a convoy, the leading submarine would summon the others in the pack for a combined attack. These radio messages were vulnerable to interception, but so were the British naval messages to and from the convoys. It might be best to generalize that into 1943 German decoding was at times ahead of the British, while thereafter the British, assisted by the Americans, were ahead of the Germans until the end of the war. The development of a short-range direction finder, referred to as 'Huff-Duff', also assisted the Allies in their campaign to defend shipping as did the increasing participation of the Canadian navy and, later, the provision of escort carriers by the United States.

Long-range airplanes, when assigned to this duty, played a significant role in the Allied effort as to a lesser extent did blimps.

Two other forms of assistance to the German campaign at sea must be mentioned. At times German long-range planes served as a means of finding ships and convoys that were difficult for submarines to locate. These planes also attacked ships, both the merchant ships and any escort vessels. The other form of aid came in the first years of war from the Soviet Union. Just as Stalin did not realize that helping the Germans drive the Allies off the continent first in the North, then in the West, and subsequently in the South would leave him alone with the Germans in the East, so he failed to see that Allied ships sunk with Soviet assistance could not rise from the sea floor to carry supplies to the Soviet Union after it was attacked by Germany. In the event, in exchange for some naval equipment and an uncompleted cruiser, he allowed the Germans to utilize the port of Murmansk for their naval activities, provided the German navy with a base on the Arctic Ocean west of Murmansk, and enabled a German auxiliary cruiser to transit the northern seaway across Siberia to enter the Pacific Ocean and sink Allied ships there. More important for the German war effort was the provision of large quantities of important supplies such as oil and non-ferrous metals and the trans-shipment of rubber and other critical materials from east Asia by train until the German invasion of the Soviet Union stopped the last trains.



While Soviet support for the German naval war probably contributed to the later objections of the commander-in-chief of the German Navy, Admiral Raeder, to a German attack on the Soviet Union, he did urge on Adolf Hitler two other moves in the naval war during the winter of 1939–40. Beginning in October 1939, he argued for the systematic sinking of American ships. Sharing the general assumption of German leaders that the role of the United States in the prior war had been of no importance, he was ready to resume hostilities with that country if it simplified the situation for German submarines by authorizing them to sink any ship they could find.

Hitler would not allow this at the time. Until Germany could either build its surface navy to deal with the United States or had an ally with such a navy, he preferred not to encourage the United States to mobilize its military potential. In the summer of 1940, the first step after the victory in the West would be his order for resumption of construction on the blue-water navy for war against the United States, but in the meantime he preferred to let the Americans sleep.

## The German invasion of Denmark and Norway

The other move Admiral Raeder urged was a German occupation of Norway, with Denmark also seized to facilitate communications, so that Germany's navy would have better access to the Atlantic. The seizure of bases in Norway for war against Britain had been an interest of the German navy in World War I and continued to be high on its agenda in the inter-war years. Hitler similarly saw this as a major move in the war against Britain. A subsidiary advantage of occupying Norway would be that control of the waters off the Norwegian coast would assure safety for iron shipments from Sweden in the winter when much of the Baltic Sea was frozen but Germany depended on Swedish iron for 40 per cent of its needs. Hitler authorized preparations for such an operation and held to it when some in the naval high command expressed doubts. It was assumed from the beginning that Norway would become a permanent part of Germany with a major naval base at Trondheim, which was to become a German city with a super highway connecting it to the German mainland.



Hitler would very much have preferred to attack in the West through the three Low Countries in the late autumn of 1939. A combination of technical difficulties after the campaign in Poland, some objections from within the military, and primarily problems with the weather led to a series of postponements. In support of the German forces advancing against whatever resistance the invaded neutrals and the Allies might offer, the German air force was expected to provide extensive tactical support. It had, in fact, been designed primarily for such a role. Stretches of bad weather in the winter, therefore, played a significant role in causing postponements that led to the strike north preceding the German move in the West.

The fighting in the winter of 1939–40 that attracted most contemporary attention was that between the Soviet Union and Finland. Right after the joint German–Soviet defeat of Poland, the Soviet Union obliged the three Baltic States of Estonia, Latvia, and Lithuania to allow the stationing of Soviet forces in them. A simultaneous demand for territorial and other concessions from Finland led to negotiations which the Soviets ended by attacking that country on 30 November. Such a move had been considered in Moscow earlier, and a puppet government for what was assumed to become a quickly conquered country was established. The reality proved different from Soviet expectations. While in the northernmost portion of the front, the Red Army occupied the Finnish coast on the Arctic Ocean, both at the southern part and in the middle the Red Army encountered stubborn resistance and some local defeats. Massive reinforcement enabled the Soviets to drive back the Finns at the critical southern part of the front in February 1940. With some Swedish mediation, peace negotiations ended the fighting in March. Finland was obliged to cede territory to the Soviet Union in both the southern and central portions of the border and to allow a Soviet naval base in the southwest, but the Soviets evacuated the territory they had occupied in the north. The puppet government was dissolved and never installed in the territory seized from Finland. The Soviet Union was expelled from the League of Nations, and the whole series of events certainly brought it much international discredit. The Germans saw in the poor performance of the Red Army in the early stages of the fighting a confirmation of their own view of it as hopelessly incompetent, and they paid no attention to the fact that Red Army men frequently continued to fight with determination under the most difficult circumstances. The possibility that the British might utilize support for the Finns to occupy Norway reinforced Hitler's agreement with Admiral Raeder's arguments for a German invasion of that country.

The German planning for the invasion of Denmark and Norway was simultaneously simple and complicated. It was simple in the sense that there would be no declaration of war but merely a surprise attack on two neutral countries, neither of which had taken part in the preceding war. German warships and troop transports would carry soldiers who, together with some parachutists, would quickly seize key points in Norway, while a ship with troops would simply enter the Danish port and capital of Copenhagen. The Danish and Norwegian governments would be told to surrender; and the two countries, both or either if one did not surrender, would be crushed in subsequent fighting. The complicated parts of the plan related to the invasion of Norway. The very long coast of that country meant that assaults would be needed at considerable distances from each other. That raised two difficulties. First, almost all the German surface navy would be needed to carry and escort the forces to their destination and would thus be exposed to the British navy that could be expected to do what it could to interfere with German operations. Second, the port of Narvik was both especially important because that was where the railway from the Swedish iron mines terminated, but was also the furthest removed from German bases (Map 2). On the first of these problems, the German navy would just have to take its chances in naval warfare, which turned out to lead to even greater losses than had been anticipated. On the second, there were two forms of assistance expected to make the German task easier. A Norwegian officer in an important position in Narvik was sympathetic to Germany as a follower of the Norwegian traitor Vidkun Quisling who was in touch with Germany, and could be expected to assist the German landing force. Furthermore, the base provided by the Soviets on the Arctic Ocean coast offered a port from which supply and other ships could reach Narvik from the other direction without any likely interference from the British navy.

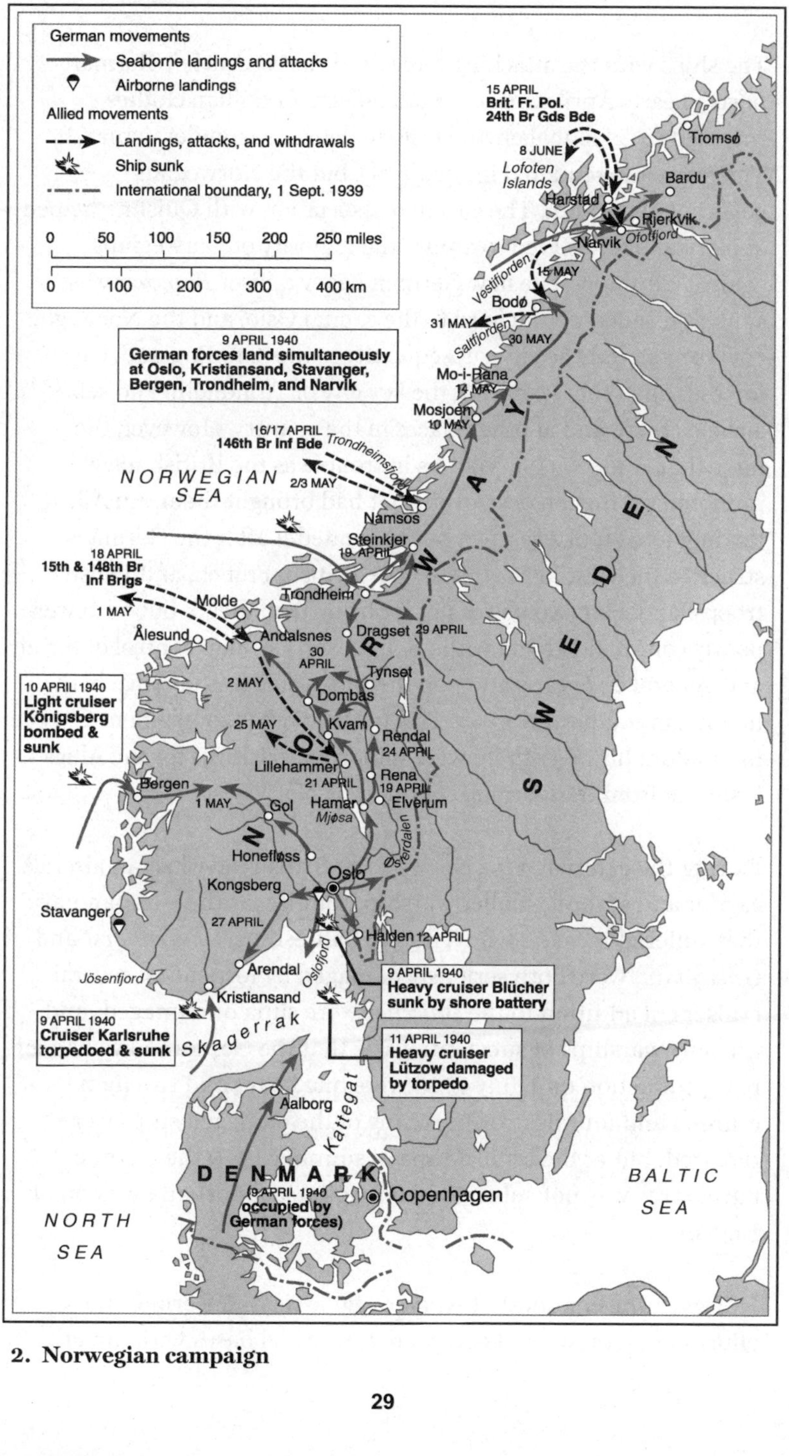


2. Norwegian campaign

The ships with the attacking forces and the escorts left German ports in early April while German officers in civilian clothes travelled to Copenhagen and Oslo to deliver surrender demands. The Danes surrendered immediately, but the Norwegian government did not. The German association with Quisling helped at Narvik, but it served to arouse the majority of Norwegians against Germany. The new German heavy cruiser *Bluecher* was sunk as it sailed up the fjord to the capital Oslo, and the Norwegian government left the city, subsequently to move to England. German forces landed successfully at the key city of Trondheim and seized airfields there and at other places in the country. However, the force that landed at Narvik was in trouble as the British navy immobilized the ten destroyers that had brought them. An Allied landing force took the town but evacuated it after the Germans struck in the west in May 1940. The British, French, and Polish troops landed at two places not far from Trondheim, but both were poorly commanded and without air cover. German control of the air and general disorganization on the Allied side was decisive in the fighting in southern Norway. This led to another government-in-exile in London; however there were important positives for the Allies resulting from the German conquest of Norway.



During the campaign for Norway, the British navy lost an aircraft carrier and several smaller warships, but it was the German navy that suffered most heavily. The two battleships, *Scharnhorst* and *Gneisenau*, were both seriously damaged by torpedoes; several cruisers in addition to the *Bluecher* were sunk or damaged; and the only warships of substantial size that the German navy had left ready for action on 1 July 1940 were one heavy and two light cruisers and four destroyers. Many of the damaged ships were repaired, but at the critical time of summer 1940 the German naval force was not substantial enough to support an invasion of England.

However, the conquest of Norway did assist the German war effort in several ways. There were now naval bases with direct access to the Atlantic Ocean. When Germany invaded the Soviet Union, there would be both a base for an attack toward the Soviet naval base at Murmansk and excellent facilities for air and sea interference with efforts by the British, and later also the Americans, to send ships with aid to the Soviet Union by the northern route. Finally, German control of Norway made it easy to pressurize Sweden into offering even more assistance to the German war effort, not only in sending shipments of iron on Swedish ships but also in allowing German troops and supplies to utilize the Swedish railway system. Fear of the Swedes dynamiting the iron mines restrained Germany from invading the country, but the assumption was that, after victory in the war, this would be another easily conquered country. Plans for this conquest were indeed made during the war, but instead the troops in Norway were held ready to meet an Allied invasion, which the Germans periodically expected for the rest of the war.



At the time of the occupation of Denmark and the fighting in Norway, the Germans gave little or no attention to the two territories associated with Denmark: Iceland and Greenland. Instead, the British moved to occupy Iceland and President Roosevelt declared Greenland to be in the Western hemisphere. These steps would assist the Allies in the Battle of the Atlantic in subsequent years. However, in 1940, the Germans just did not have the naval and shipping resources to even consider seizing these territories, which would be of such importance in the wider war.

The Allied defeat in Norway led directly to the resignation of Neville Chamberlain as prime minister of Britain. Lord Halifax was then the preferred candidate in the governing Conservative party to take over the position. However, he did not think it feasible to lead a government in a critical time of war from the House of Lords, and so he declined the position. Consequently, Winston Churchill became prime minister—despite, as First Lord of the Admiralty, bearing a large share of the responsibility for the mishandling of the Norwegian campaign. The new government, which took office on

10 May, the day of the German attack in the west, was a coalition of the Conservative, Labour, and Liberal parties. This coalition government, with very few personnel changes, directed the British government for most of the rest of the war.

One further facet of the winter 1939–40 must be mentioned because it had major repercussions on subsequent developments. There had been a variety of secret diplomatic contacts between elements in Germany and the British government about the possibility of offering a fair peace settlement to Germany if opponents of the Hitler regime inside Germany could succeed in overthrowing Hitler. The British and French governments were united in answering that Germany could get peace, but that Czechoslovakia and Poland would have to be returned to independence. Whatever the differences from the Hitler regime that may have been seen in the Germans involved in these negotiations, there were two points of supreme importance to the Allies. The obvious one was that there was no attempted overthrow of the Hitler government until July 1944. And the other, which may not have been seen as an obvious detraction to these opponents of Hitler inside Germany, but which had a significant impact on the thinking about Germany in the British government, was that some of those who were supposed to have been willing to take part in a coup against Hitler had been involved nonetheless in the planning for and the execution of invasions of a series of neutral countries. These two observations led to the loss of any credibility these internal opponents of the Hitler regime may have had with the Allied negotiators. The conclusion that the new prime minister—who knew of and had agreed to the earlier contacts—and others in the British government drew was that there should be no further negotiations until there had actually been a coup. Should there be a coup, then they would decide on the best policy to follow.

# Chapter 3
# War in the West: 1940

## War plans

Hitler had originally hoped to strike in the West in the late autumn of 1939. Postponements into the spring of 1940 had three major effects on that offensive. First, the time could be and was utilized by the Germans to remedy some of the problems encountered in the campaign against Poland, while neither the French nor the British drew lessons from what had happened. Second, repeated warnings of the forthcoming offensive by opponents of the Hitler regime in Germany, especially Colonel Hans Oster in the intelligence section of the High Command of the Armed Forces (OKW), had the unintended effect of having the last—and accurate—warning essentially disregarded. Third, the time interval was used for a major reorientation of the planned German offensive that interacted fatally with the plans of the French and British to cope with any German attack.

As early as May 1938, Hitler had told his military advisors that a drive in the West would be launched through the Low Countries. The original plan for the 1939 offensive provided that, unlike in 1914, when the Germans had invaded Belgium and Luxembourg, this time Holland would also be invaded. There would be a strong right flank, but its main aim would be to seize ports and bases for the future war against Britain rather than the encirclement of French forces that had been a key feature of the 1914 plan. In the meantime, the Dutch and Belgian governments were refusing to coordinate their defensive efforts with the French and British for fear of provoking Germany. As a consequence, the Allies decided to move forward to assist the Low Countries after they had been attacked. Based on plans containing a portion of the German attack order extracted from an officer in a crashed German plane, the Allies assumed that the Germans would move as they had originally intended. Because of the refusal of the Low Countries to coordinate strategy, the Allies would have to send the most motorized units forward if they expected to stop the Germans before they drove into France. Furthermore, as a part of the concept of keeping the Germans as far away from France as possible, the French commander-in-chief, General Maurice Gamelin, decided that the main French reserve, the French 7th Army, should be sent into Holland at the left flank of the forces sent to rescue the attacked neutrals. As if this did not denude France sufficiently of units that might be moved in an emergency, he also assigned half of all French forces to the Maginot Line of fixed defences built in prior years along the border with Germany.

However, during the interval created by the postponements, the Germans changed their plan. Instead of a strong right flank of the invading force, they decided to strike through the Ardennes and head for the English Channel, in the process cutting off any French and British forces coming to the aid of the Dutch and Belgians. The latter two countries would then be forced to surrender unconditionally by a combination of tricks: parachutists would seize key points before they could be properly manned and defended; German soldiers in Dutch uniforms would confuse whatever defence the Dutch might put up; and heavy bombing of cities and substantial shooting of civilians was expected to demoralize the population as well as the military.

## The German victory in the West

The German forces struck on 10 May, seizing key Belgian fortifications by parachutists and concentrating armoured units and motorized infantry for a breakthrough in the Ardennes for an early crossing of the Meuse river which was attained already on 13 May. A combination of tanks and motorized infantry pushed through to the Channel, reaching it during the night of 20–21 May (Map 3a and b). By this time, the Dutch had surrendered unconditionally, with the government moving to London and much of the city of Rotterdam devastated by a German air raid. It was this event that was key in the British decision to lift restrictions on the Royal Air Force, allowing it to start bombing German cities. The Allied efforts to counter the German breakthrough had failed, largely due to the faulty allocation of French forces and to a hopelessly disorganized command structure between the Western Allies and within the French forces. Belgium, despite having mobilized substantial forces, many of whom had fought effectively, also surrendered unconditionally on 28 May. This further weakened the Allied forces that had rushed to their aid and consequently been cut off by the German advance to the Channel.



The French command tried to create a new front across northern France, below the German breakthrough. Very worried about the possibility that this would, as in World War I, lead to positional warfare on a front of hundreds of miles, the German commander of the army group that had broken through, General von Rundstedt, with Hitler's agreement on 24 May halted the armoured units striking toward the ports remaining under British and French control so that they could be refreshed and repaired for the thrust south through any new French defensive front. Hitler relied on the promise of Hermann Göring, commander of the German air force, that this force, which had done much to assist the advance up to then, could destroy the cut off Allied units. Effective defensive fighting, the massive deployment of all sorts of ships, and the British air force flying from home bases,

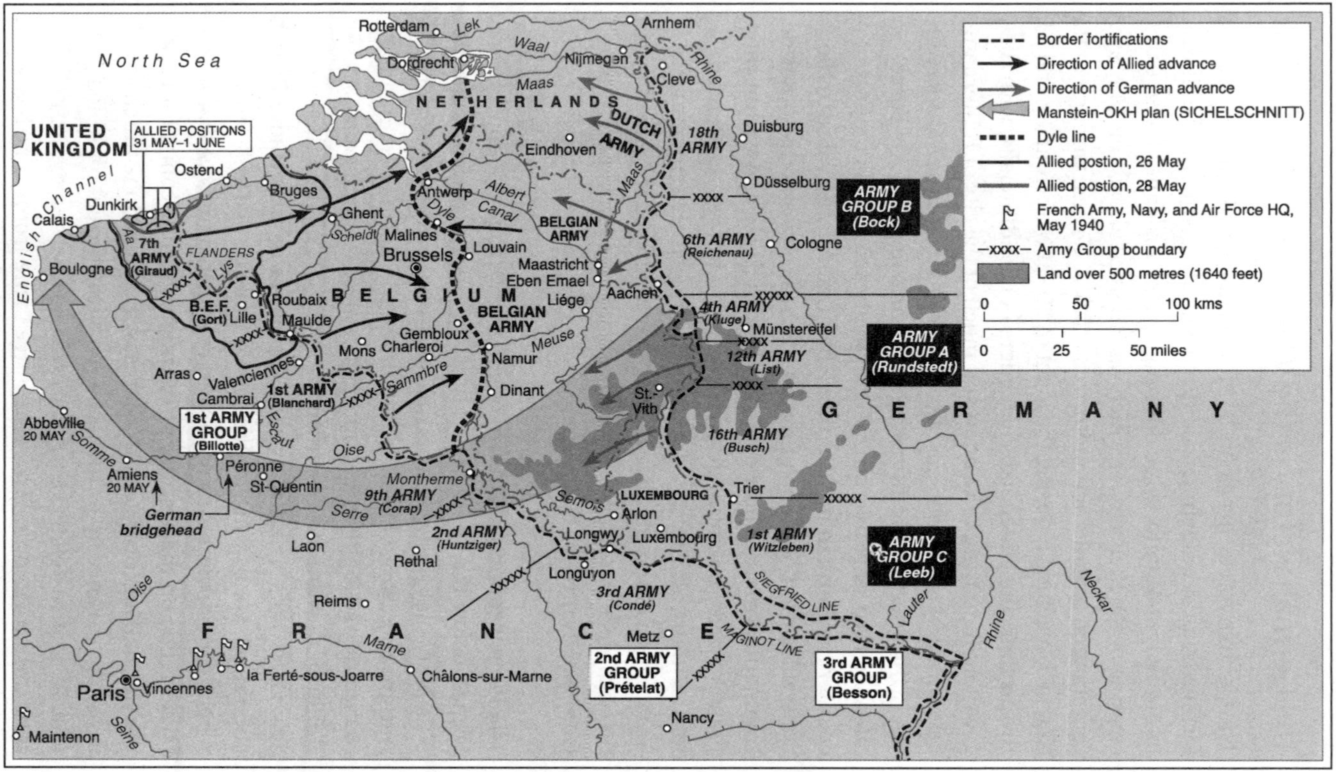


3a. Fall of France

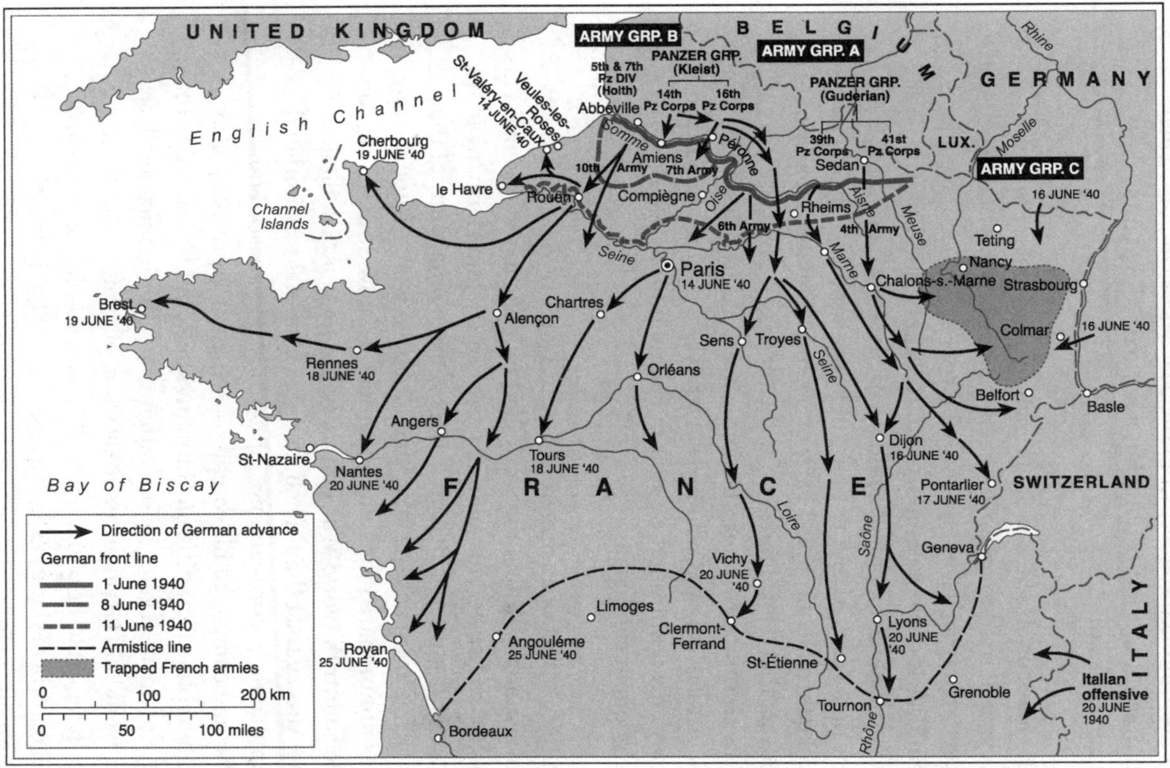


3b. Fall of France

combined with the temporary halt of the German armoured force, to make possible the evacuation of over 200,000 British and over 100,000 French soldiers from the beaches of Dunkirk. Their equipment was left behind, but a key part of Britain's army survived.

The new commander of the French forces, General Maxime Weygand, tried to organize the new defensive line and hoped that evacuated troops from the cut off forces in the north would reinforce it once re-equipped and reorganized in England. Well before that development could occur, the Germans struck the line on 5 June. After a few days of heavy fighting, the Germans broke through, occupied Paris on 14 June, and drove on in spite of the fact that a few French units fought bravely. In those days of June German army units began to massacre French soldiers from the African colonies who had surrendered, another step in the army's descent from the gutter in Poland into the sewer of subsequent campaigns.



In the context of an apparently swift German victory in the West, governments around the world had to make new decisions. This looked to Benito Mussolini like the time to join Germany in war against France and Britain if Italy were to obtain any of the spoils of a war that he imagined had been won. Although Italy was not prepared for a major conflict, he now declared war on the country's World War I allies, had a small attack mounted in the Alps against the French, and in a minimal way initiated campaigns in north and northeast Africa. Francisco Franco, who had completed his conquest of Spain in April 1939, also contemplated entering on Germany's side, but he wanted to make sure of Spanish gains before rather than after joining hostilities. He would aid Germany in many ways, but since neither then nor later could he obtain from Hitler an absolute assurance of full control of the areas he wanted, he had Spain remain nominally neutral.

The Soviet Union had been willing to assist the German occupation of Norway and was enthusiastic about the German offensive in the West. As that campaign appeared to be stunningly successful, the Moscow regime assumed that this was the time to gather in its due under the agreement with Germany. The three Baltic states were occupied and then annexed with any remaining people of German background allowed to leave. New pressures were exerted on Finland, and Romania was obliged to cede both Bessarabia and a part of the Bucovina. As already mentioned, all of Lithuania, including the piece promised to Germany, was taken, and there were arguments between Moscow and Berlin about the demands on Finland and the extent of the territorial demands on Romania, but these issues were settled diplomatically. The critical point that Stalin did not grasp was that these steps of the Soviet Union made the new decisions of the German government easier to implement.

The French government moved to Bordeaux as in 1914, but a new leadership of Marshal Philippe Pétain and Pierre Laval was determined to take the country out of the war rather than fight on from its colonial empire utilizing the essentially untouched French fleet. They asked for an armistice through Spain, and Hitler was quite willing to offer terms since he had at the time no way to seize the French colonial empire, preferred not to have the French fleet continue fighting, assumed that Britain could be crushed easily, and, as will be reviewed, was already interested in 1940 in moving forces to the East to invade the Soviet Union. Under these circumstances he restrained Mussolini's demands on the French, settled on occupying the majority of France including all of its Channel and Atlantic coast, and left a part of the country temporarily unoccupied but defenceless under Pétain. The latter hoped for a place for France which would be internally recast along autocratic lines in a German-dominated Europe. The Germans were never interested in cooperating with the new French regime, but that did not discourage him; and the forces allowed to his government inside unoccupied France and in colonies loyal to his government established in the resort town of Vichy had instructions never to fight the Germans, Italians, or Japanese but always to fight the British, the French, or later any Americans who might join them. A German–French and an Italian–French armistice went into effect the night of 24–25 June 1940, with over a million French soldiers being held as prisoners by the Germans. A small number of Frenchmen joined the recently promoted General Charles de Gaulle in what came to be known as the Free French movement, to which several French colonies in central Africa and the South Pacific rallied in subsequent months, while the Vichy regime arranged for the delivery of Belgium's gold reserves from West Africa to the Germans.

The British government had tried hard, with Churchill personally playing a central role, to persuade the French to continue fighting. In addition to an earlier treaty which committed the two countries not to sign a separate peace treaty, the London government decided positively on a project for them to merge into one in this emergency, but the new regime in France did not even consider this idea. The British government took little time to make its decision in this difficult situation. They would fight on against Germany and Italy from the United Kingdom as long as possible and from the commonwealth and empire if necessary. The escape of the bulk of the country's professional officer corps and numerous soldiers from Dunkirk encouraged this position, which was reinforced by a solid home front that the beginnings of German bombing hardened rather than softened. The government expected a German invasion, mobilized a Home Guard of older men to assist in defending the country, and agreed to a proposal of the chief of the imperial general staff, Field Marshal Sir John Dill, to use poison gas on any German forces that made it ashore. Against the possibility of German occupation of part or all of the home islands, the government sent its gold and foreign exchange reserves to Toronto and Montreal, and initiated preparations for guerrilla warfare in any occupied parts of Britain while the government continued to direct the war from Canada.

It is possible that the Duke of Windsor, the former King Edward VIII, thought of playing a role similar to that of Pétain in France and that World War I prime minister, David Lloyd George, expected to imitate Laval, but the three British political parties were represented in a cabinet that instead looked forward to an eventual victory over Germany by a combination of bombing, blockade, and an expeditionary force to assist the peoples of the lands occupied by Germany as they rose against the Germans who were certain to exploit and antagonize them. The Duke was sent off to the Bahamas, and Lloyd George remained an isolated voice in Parliament. By 19 July when Hitler suggested that peace be made, all the critical decisions had been made in London, and foreign secretary Lord Halifax publicly announced the rejection of peace with Germany.

The British government had earlier insisted that the French fleet move to British ports if France were to be relieved of its obligation not to sign a separate peace treaty. When the Vichy government refused, the British either disarmed French warships or, when those in north Africa refused to move to the French West Indies, destroyed them by naval gunfire. It was a sad end to an alliance, but the London government could neither depend on French or German assurances about those ships nor defend itself against invasion if Germany added the French fleet to Italy's and their own. It was in this connection that the losses and damage to German warships in the Norwegian campaign proved to be critical. Furthermore, as the Germans planned to invade England, complete control of the air was as essential for them as it would be for the Allies in 1944.



## The reaction of the USA

The dramatic events of the spring and early summer of 1940 in Western Europe had major effects on the United States. With a presidential election due that year, Franklin Roosevelt, against his prior inclination, decided to run for a third term and, also against the prior and subsequent practice of the country, created something of a coalition government by drawing prominent Republicans into high offices in the administration. There had been minimal changes in the country's neutrality laws, and in spite of endless and very vehement debate, there would be more. At the end of 1938 the president had called for the building up of a real air force. With dangers facing the country both across the Atlantic and the Pacific, he asked Congress for funds for a 'two-ocean navy', and these were voted in July 1940. In the autumn, a majority of Congress agreed that the country needed a substantial rather than a tiny army and instituted the first peacetime draft. While that army was almost dissolved a year later, it did begin to grow and acquire a minimal quantity of modern weapons. France and Britain had placed large orders for military equipment with American factories, and Britain took over the French contracts. Since these were under the 'cash and carry' provision of the amended neutrality laws, British cash dwindled rapidly as deliveries increased. This process led at the end of the year to a plea from Churchill to Roosevelt and, in turn, to the latter's proposal of the Lend-Lease system passed by Congress in March 1941.



Unlike some of his advisors, the president was confident in the summer of 1940 that Britain would hold out, and he moved as far as the law allowed to assist the struggling island. Roosevelt had some remaining surplus World War I weapons shipped to England, and these helped arm the Home Guard. He arranged an exchange of 50 over-age destroyers for 99-year leases on bases for the United States in British possessions in the Western hemisphere, an arrangement shown to the public as enhancing the country's security at a time of great danger. There was much bitter debate about this and related issues in the United States, but voters in November 1940 gave Roosevelt an unprecedented third term. In one respect the German effort to crush Britain in 1940 made some Americans favorable to aiding that country as they saw newsreels and heard radio reports on Germany's attempt to level London.

The German victory had major implications for that country's domestic situation as well as leading to new decisions in the military field. The most important domestic effect was a solidification of the public behind the Nazi regime. At a time when the memory of the lengthy and bloody fighting of World War I in the West was much on people's minds, the appearance of rapid total victory with comparatively minimal losses redounded to the regime's benefit. In addition to this impact on the public there was its effect on the German military. On top of Hitler's massive programme of bribing the higher levels of the army, navy, and air force by secret, tax-free payments, the victory over France brought the generals and admirals promotions and a sense of confidence in Hitler's judgement. The way in which Germany held together for the rest of World War II cannot be understood without this spectacular reinforcement of existing support for the Nazi regime, now enhanced by enthusiasm over a victory identified with Adolf Hitler personally.



## The German decision to invade the Soviet Union

Even before the signing of the armistice with France, both Hitler and army chief-of-staff General Franz Halder began planning for an invasion of the Soviet Union. Victory in the West was the assumed prerequisite for the conquest of living space from the Soviet Union in the East, and the first expectation was that this operation could be launched in the autumn of 1940 and completed successfully that year. This issue is reviewed in more detail below, but Germany's leaders also had to address the continued resistance of Britain. An invasion of the south coast of England was planned with tens of thousands of soldiers—assisted by thousands of horses—landing at selected beaches. A list of those to be arrested was printed, and a person was designated to be police chief of London. The needed control of the air was to be secured by the German air force.

The Battle of Britain, as it came to be called, in late June, July, August, and the first half of September produced the first major

German defeat of the war. Although losses on both sides were substantial, the Royal Air Force held on, supported by a population that could not be stampeded into demanding peace. The fighter planes ordered by the Chamberlain government and directed by Air Marshal Dowding, assisted by radar, spotters, and anti-aircraft guns, were obviously not crushed by mid-September 1940. After that date, the weather in the Channel became too rough for any invasion attempt. With invasion off for the year, massive bombing of British cities through the winter caused substantial damage and casualties, but it did not break the morale of the population. Instead it encouraged that of the British army, which was being reorganized and rearmed, with the establishment of commandoes to raid the German-controlled coast, and the sense of a possible reversal of fortune in some people in German-occupied areas as they saw British planes flying overhead to bomb first the invasion preparations on the coast and then targets within Germany itself.



If Germany's defeat in the Battle of Britain obliged Hitler to defer invasion of England to 1941, other problems had the same effect on his hope of invading the Soviet Union in 1940. Vast numbers of German forces had to be moved from the West to the eastern areas of Germany and occupied Poland. Equipment had to be repaired and increased. Casualties incurred in the campaign in the West and losses of planes, tanks, and other weapons had to be made good. It was also essential to make significant improvements in the transport and storage facilities in the eastern areas where massive German forces were to be based and from which their advance eastwards would have to be supplied. By the end of July 1940, Hitler recognized that when these needed preparations were completed, it would be too close to the start of winter for a single season campaign in 1940; that also had to be postponed until the spring of 1941. Its anticipated rapid success would discourage the British while encouraging the Japanese to move forward in east Asia and thereby divert the Americans from any activity in Europe until Germany was ready to attack them. German planning for the campaign in the East was well under way by August 1940, and this is reviewed in Chapter 4. Already in August 1940, diplomatic portions of those preparations affected the international situation. Germany reversed its policy toward Finland, now expecting it to assist in the attack on the Soviet Union instead of being absorbed by it. The territorial dispute between Hungary and Romania was also resolved by Germany, which thereupon guaranteed Romania, sent troops there, and expected it to participate in the invasion of the Soviet Union.

The Soviet leadership noted such changes in German policy and in November sent foreign commissar Vyacheslav Molotov to Berlin to arrange a new agreement. Nothing came of this, but Stalin still refused to believe that Germany intended to attack them. Neither a copy of Hitler's invasion directive of December 1940, obtained by Soviet intelligence, nor a summary of it that an opponent of Hitler's had provided to the Americans and that Roosevelt had transmitted to Stalin in February 1941, awakened the Soviet leader. He was determined to continue supplying critical materials to Germany, to not alerting his country's armed forces, and to not interfering with German aerial reconnaissance over the Soviet Union that began in October 1940.



## The war in Africa and the Middle East

While the Germans were bombing Britain and preparing the attack on the Soviet Union, Mussolini had Italian forces move in a small way in Africa. In northeast Africa, Italian troops occupied the small British colony of British Somaliland. Thereafter, however, the Italian army in Eritrea, Italian Somaliland, and occupied Ethiopia was unable to resist British forces striking from Kenya in February 1941. The Italian troops were defeated and either captured or besieged in isolated garrisons. The exiled Emperor Haile Selassie returned to Addis Ababa, and in April 1941, Roosevelt declared the Red Sea no longer a war zone so that American ships with supplies for the British army in Egypt could move around the Cape of Good Hope and unload at the Suez Canal. By that time, the American president had also established an air supply route for the British in the Middle East that ran from Takoradi on the west coast of Africa across the French colonies that had rallied to de Gaulle.

In the meantime, Italy had suffered a series of other military defeats. The Germans had firmly told Mussolini that they wanted the Balkans kept quiet. When he learned that German troops were being sent to Romania, he concluded that this had been done so that Germany could pre-empt any other country from a major role in the area, whether the Soviet Union or Italy. To assert Italy's role, he ordered an invasion of Greece at the end of October 1940, without consulting Berlin any more than Berlin had checked with Rome before sending troops into Romania. The difference was that the Romanians expected to fight against the Soviet Union alongside Germany to regain land ceded to the Soviets—and perhaps some more—while the Greeks fought against the Italians to retain their independence. Minimally assisted by the British, who defeated an Italian fleet at the Battle of Cape Matapan in March 1941, the Greeks fought effectively and drove the Italians back into Albania, which Italy had occupied in 1939. In addition, the Italian forces in north Africa were also being defeated.

The Italian army in Libya was as poorly led and prepared as that which had invaded Greece. There was a short advance into Egypt, and then the Italians sat down while the British built up their forces. In spite of the danger to the home islands, Churchill had insisted on sending reinforcements and equipment to Egypt. On 11 November 1940, British planes damaged several Italian battleships in Taranto harbour, thus interfering with Italy's naval possibilities in the Mediterranean. On 9 December, the British attacked the Italian army in Egypt, surprised and defeated it, and drove the 60 miles to the Egyptian–Libyan border. In early January the British struck again and in that and the following month destroyed the Italian army at Beda Fromm, capturing over

100,000 men. The British advance came to what could have been a temporary halt at El Agheila. The possibility of seizing the rest of Libya in 1941 was aborted by the German reaction to the Italian defeats and, in turn, the British reaction to steps Germany took to rescue its Italian ally.

The Italian military failures in Greece and Africa confronted the German leadership with two practical problems. If all of Italy's colonial empire were lost as looked increasingly likely, this might lead to an overthrow of Mussolini's regime. Hitler was very much concerned about this and renewed his earlier offer of a military expeditionary force to be sent to Libya. What Mussolini had earlier rejected he now accepted. This is the origin of the German Africa Corps led by one of Hitler's favourite generals, Erwin Rommel, being sent to north Africa in February 1941 to help defend Libya and advance into Egypt.



The other danger in Italy's situation as seen from Berlin was the possibility of British planes from Greek bases attacking the Romanian oilfields critical for Germany's war effort. The best way for the Germans to cope with this problem was for German forces to attack Greece from Bulgaria and perhaps southern Yugoslavia, precisely the border areas the Greeks had denuded of troops to halt the Italian invasion. Obtaining the agreement of Bulgaria was expected to prove easy and was so: they were promised Greek territory to provide a coast on the Aegean Sea lost after World War I. It looked for a short time that Germany could reach an agreement with Yugoslavia also, but this was aborted by a coup in Belgrade on 27 March 1941, which replaced the government that had signed a deal with Germany. Hitler thereupon decided to attack Yugoslavia as well as Greece.

On Sunday, 6 April 1941, the Germans opened their campaign with a massive bombing of the Yugoslav capital of Belgrade and rapid advances into that country and Greece (Maps 4a and b). The invasion of Yugoslavia was designed not only to conquer that

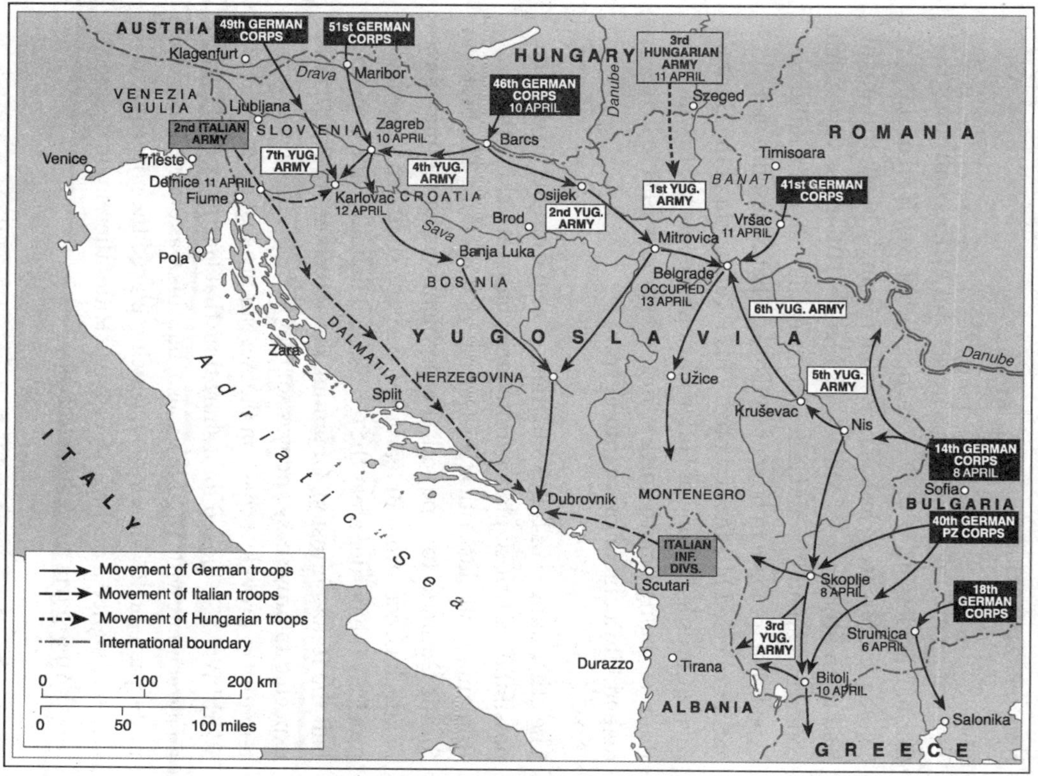


**4a. The campaign against Yugoslavia**

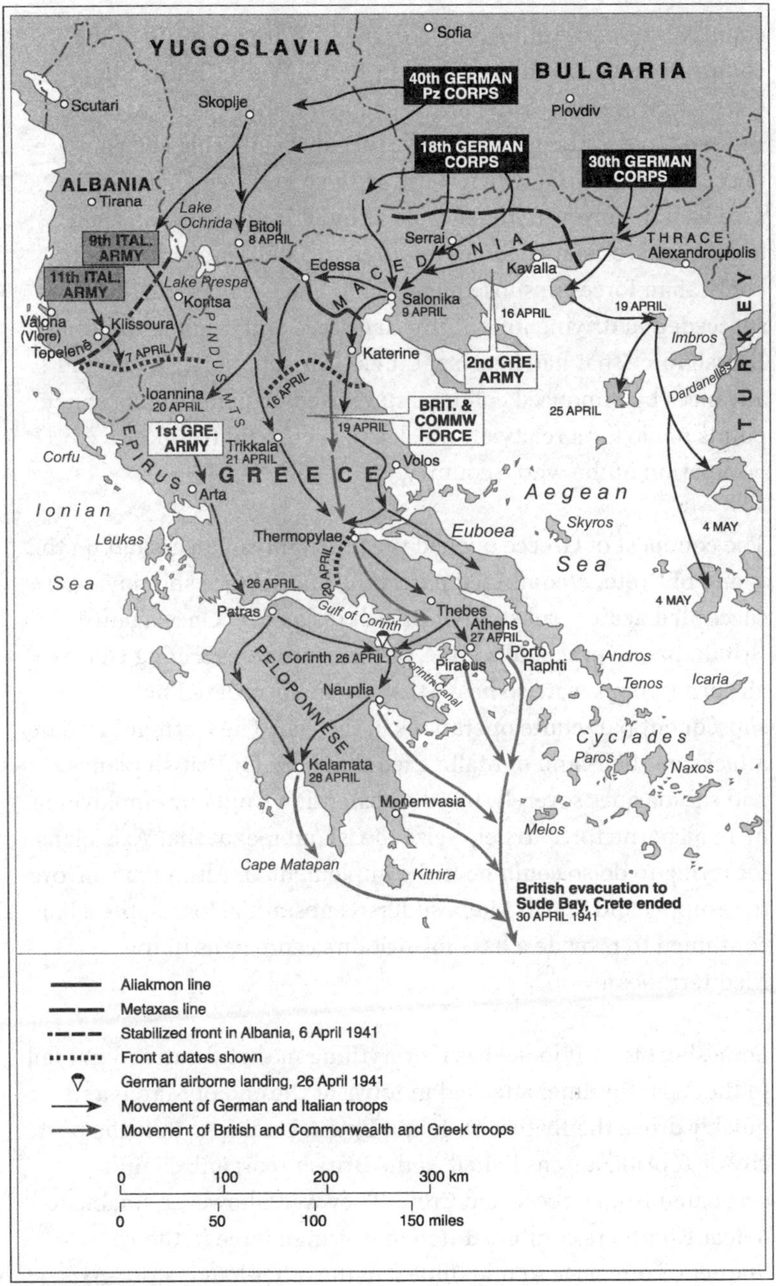


**4b. Balkan campaign**

country but to prevent a repeat of the withdrawal south of the country's army as had happened in World War I. In this the Germans were successful, and they drew in Italy, Hungary, and Bulgaria to end the fighting there quickly by offering each a piece of the country (from which Germany also annexed a part). The area would, however, not become as quiet as the Germans had hoped, and resistance forces required the stationing of German and Italian forces in subsequent years. The Germans also succeeded in driving into northern Greece and evicting the small British force that had been sent there. Air superiority and rapid advances by armoured columns supported by parachutists at key points made for a relatively quick and successful German occupation of the whole country.

The conquest of Greece opened the possibility of an assault on the island of Crete. A combined parachute and surface ship invasion succeeded against substantial British resistance. Once again Britain had to evacuate a force, but the casualties among German airborne troops were so heavy that Germany ordered no subsequent parachute operations in the war. The German–Italian attacks on the island of Malta tried that base for British planes and submarines severely, but the abstention from any employment of an airborne force to help seize the island meant that Axis plans for trying to do so could never be implemented. Although convoys to resupply and rearm Malta suffered substantial losses, the island continued to provide a base for Britain's campaigns in the Mediterranean.

For a short time it looked as if everything in that theatre might fall to the Axis. Rommel attacked in Libya at the end of March and quickly drove the British back into Egypt. Unable to take the port city of Tobruk, he was halted as the British reorganized units evacuated from Greece and Crete. They were, however, unable to defeat Rommel's combined Italian–German force in their 'Battleaxe' offensive in mid-June. On the other hand, a pro-Axis rebellion in Iraq in April was crushed by British forces, primarily from India, in May. The Iraqi leader, Rashid Ali al-Gaylani, fled to Germany where, like the Palestinian Arab nationalist, Haj Amin al-Husayni, he hoped for help to drive the British out of the Middle East, never recognizing that German or Italian rule was likely to be harsher than British dominance. The little help Germany could provide to the revolt in Iraq was sent via the French Mandate of Syria where the Vichy authorities did whatever they could to help Germany. This provoked the British into invading Syria on 8 June. Unlike their failing stand against the Germans the preceding year, the French force in Syria fought steadily against Australian, British, Free French, and Indian troops until a 14 July armistice. The Germans could not provide substantial help because of their concentration on the invasion of the Soviet Union, which, in German planning, was to be followed, not preceded, by the taking of the Middle East. The British turned Syria over to de Gaulle once it was clear that there was no immediate danger of a major German push into the area. An important subsequent effect of British victories in Iraq and Syria was that what became the southern route of supplies to the Soviet Union remained in Allied hands instead of the dangerous alternative: an Axis base threatening the Caucasus from the south.

# Chapter 4
# Barbarossa: the German invasion of the Soviet Union

## Planning for the invasion of the Soviet Union and the Holocaust

While German planning for the invasion of the Soviet Union began in the summer of 1940, it became clear to Hitler that preparations could not be advanced quickly enough for the short campaign that he expected to be completed in 1940 before the winter set in. On 31 July 1940, he informed his top military advisors that the invasion would take place in the spring of 1941. Practical preparations such as improvements in transport and supply provisions in east Prussia and the German-controlled areas in Poland as well as the transfer of troops from the West were initiated immediately. Planning in German military headquarters in the summer and autumn of 1940 and the first months of 1941 was based on several assumptions, most of which turned out to be mistaken. It was assumed that the campaign would be over before the winter of 1941–2; and that the first sharp blows would produce a total collapse of the regime. However, the poor performance of the Red Army in the 1939–40 winter war against Finland obscured the fact that large numbers of Red Army soldiers had continued to fight hard under the most difficult situations and reinforced the prior under-estimation of the soldiers Germany and its allies would face. In spite of an implicit hint from the Soviet side, when their visiting commission had asked to see where Germans made their *big* tanks on being shown the factory where the German Mark IV tank was made, the Germans assumed that the Mark IV tank, then the largest in their inventory, would be adequate for the campaign against Soviet armour and infantry. Captured French and confiscated Czechoslovakian tanks would be utilized on a substantial scale, as would a variety of German and seized non-German trucks. Little attention was paid to the logistics issue of spare parts and repair facilities for this great variety of armoured vehicles and trucks that might be needed in a campaign that was to cover large distances with few and generally poor roads. Since the expected quick victory over the Soviet Union was to be followed by an advance into the Middle East, replacement tanks were to be sent to the army in the East only after victory over the Red Army, and so these had been painted in desert camouflage.

Diplomatic preparations for the invasion of the Soviet Union included the involvement of Finland and Romania on Germany's side. It was correctly assumed that both would want to recover the territory they had been obliged to cede to the Soviets and perhaps take some more from a defeated enemy. Neutral Sweden was persuaded to allow the transit of German troops not only to and from occupied Norway but also when these were to participate in the invasion at the northern end of the Finnish–Soviet front. That front would be met by one German army group thrusting through the Baltic states towards Leningrad, while a larger army group would strike at the central portion of the front towards and beyond Moscow. In the south, a third army group assisted by substantial Romanian troops would conquer the Ukraine with its agricultural and industrial riches and then seize the Caucasus region with its oil.



In connection with the planning for Romania's role in the coming campaign, Hitler personally explained to Romania's leader, Marshal Ion Antonescu, an important objective of the invasion. Asked at their meeting, on 12 June 1941, what was to happen to the large numbers of Jews in the areas that advancing Romanian and German troops would occupy, Hitler explained that they were to be killed. By the time of the meeting, extensive preparations were under way to organize and orient for this task special units of the German security police and the uniformed 'order police' as well as some other units who were to accompany and follow the German army and systematically kill all Jews in the Soviet Union. In the rapid forward rush of the invading forces, there would be local variations and problems in this; but with the full support of an army that was winning in what looked to Hitler and army chief-of-staff Halder like a successful campaign, by the end of July he had decided to extend the systematic killing programme to all of Europe. The resumed advance in October may have played a part in his assuring the leader of the radical Palestinian Arabs, Haj Amin al-Husseinie, in November that the killing programme would be extended to the whole world.

## Germany invades the Soviet Union



The Germans attacked the Soviet Union in the early hours of 22 June 1941, with an army of over three million men and over 600,000 horses and about half a million men in the armies of Romania and Finland. The German air force struck Soviet airfields and the few Soviet planes that had got off the ground, destroying several thousand in the first few days and securing control of the air for the early phase of the campaign. Stalin's errors made for easy early German victories. The purges of experienced officers in 1937–9 left the Red Army at all levels without enough trained and experienced officers. The fear of domestic opposition if any portion of the country were occupied had led to heavy allocation of forces near the frontline and hence they were susceptible to encirclements. The westward expansion of the Soviet Union through the annexations of 1939–40 meant that the old fortifications had been neglected while there was not enough time for the creation of new ones. Thus the annexations weakened rather than strengthened Soviet defensive capability. The unwillingness of Stalin to believe his own intelligence and that provided him by the American and British governments not only meant that German air reconnaissance over the Soviet Union that had taken place months before the invasion had not been repulsed but that the initial German ground attack was not resisted in many places because Stalin imagined that such action would provoke a German attack in retaliation. Under these circumstances, German armoured thrusts rapidly drove through major portions of the Red Army in the northern and central portions of the front. Tens of thousands of Red Army soldiers surrendered and large quantities of Soviet equipment fell into German hands. It was this set of early victories that gave both Hitler and army chief-of-staff General Halder the impression that the campaign in the east had essentially been won in the first six weeks (see Map 5).

While the tactical victories of the initial German strike were impressive, several features of the first two months of fighting already pointed to a different outcome, which almost no one in German headquarters realized. On the technical side, there was the appearance of Soviet tanks, the KV-1 and the T-34, which were superior to any Germany tanks. Orders for the development and production of better tanks were issued in Germany that autumn, but the new types, the Mark V Panther and Mark VI Tiger, would not be ready to appear on the battlefield until late 1942 with substantial numbers not to be available until 1943. On the human side, the Germans failed to note that in many cases Red Army men fought tenaciously and sometimes hid in the countryside as German shooting of large numbers of prisoners and even larger numbers of civilians encouraged continued resistance. On the political side, there was what would become for the remainder of the war the critical fact: like Alexander I against Napoleon and unlike Nicholas II and the Provisional Government in World War I, the regime had maintained effective control of the unoccupied portions of the country. This meant that new divisions of troops could be mobilized and sent into battle, that factories could be evacuated while those previously built in the Urals area could continue to produce weapons, and that for several years all losses could be replaced, even as Germany's ability to do so was declining.

It must also be noted that even in the first months of fighting, Germany and its allies were meeting resistance at the northern

**5. Barbarossa**

and southern ends of the front that proved quite serious. In the north, the German force that was to take the Soviet port of Murmansk was unable to do so. It was halted, ironically, at the place substantially west of Murmansk where the Soviets had allowed the German navy to have a base during the years the two countries were allied. Furthermore, even though Finnish armies advanced through the territory ceded to the Soviet Union under the March 1940 peace treaty, they were unable to cut off railway communication from Murmansk to the Russian interior or to meet the German forces striking towards Leningrad. At the southern end of the front, Romanian and German forces had advanced some distance, but they neither caused the Red Army facing them to collapse nor pushed into the Ukraine as rapidly as their leaders had hoped.

The German army group in the north was able to seize Lithuania and Latvia and much of Estonia, but its advance on Leningrad was slowed by Red Army resistance. Since Hitler intended to have the city levelled, he did not want it taken in street fighting, he wanted it to be surrounded and its population and their defenders starved to death. The city was cut off, and there would be mass starvation, but some supplies did get through by water (and in the winter over ice) across Lake Ladoga, and the city held out until fully relieved in January 1944.



In the central part of the front the Germans once more carried out two major breakthrough-and-encirclement battles, which pushed the front beyond Smolensk. The Soviets, however, again established a coherent front as the Germans were ground to a halt, in part due to exhaustion of the troops and in part due to wear as well as losses among the armoured and motorized units. The Red Army not only received substantial additional forces but in local counter-offensives either stopped the Germans or, in a few places like the town of Yelnya, drove them back. Obviously a renewed major German offensive towards Moscow would require the repair of railways and roads for the building up of massive supplies replacing what had been used up in the preceding four months. The inability of the German and Romanian forces in the southern part of the front to push forward as successfully as those in the middle had done would, furthermore, threaten a flanking strike from the south into any resumed German advance towards Moscow; the further it went, the more vulnerable its flank would become. Under these circumstances of enforced delay at the centre, Hitler ordered a strike south from the German central army group to meet a strike north from the army group in the south. Since Stalin refused to heed the advice of his military to withdraw in the face of this operation, what came to be called the battle of Kiev not only lost that city and much of the agricultural and industrial area of the Ukraine but several hundred thousand soldiers as well.

By October, as the Germans prepared for a major push towards Moscow, there were the beginnings of support for the two contending sides. Hungary had entered the war on Germany's side and sent a small force, primarily for fear of Romania becoming too important to Germany. Mussolini did not want to be ignored and sent several divisions to fight alongside the Germans on the southern part of the front. There were also contingents from the puppet states of Croatia and Slovakia, while Francisco Franco, the dictator of Spain, sent what was called the Blue Division. It fought at the northern part of the front and, when returned to Spain under pressure from the Western Allies, would be replaced by the far smaller Spanish Legion. The Germans also recruited volunteers in the parts of Europe they had occupied, and eventually units were put together made up of Ukrainian, Danish, Norwegian, and French volunteers. The last, called the Charlemagne unit, eventually helped defend Berlin in 1945. There were also numerous Ukrainians and other deserters from the Red Army who enrolled on the German side.

The British government decided to assist the Soviet Union the moment it learned of the German invasion. Shipments of military equipment were sent as soon as possible though the quantities were small and would be missing from the needed reinforcement of Malaya. British and Soviet troops occupied Iran so that its north–south railway could be utilized for the sending of aid. That route eventually carried a quarter of American aid (while another quarter went to the northern ports of Murmansk and Archangel and half was shipped or flown across the Pacific). President Roosevelt was more confident that the Soviet Union would endure than his advisors were, and was reinforced in this view by his aide Harry Hopkins whom he sent to Moscow to meet Stalin and to assess the situation. It was at first difficult to persuade the American public that sending aid to Russia was a good idea, but over time this changed. For the public in Britain, there was not only the sense of now having a major ally in the fighting but relief as the German air force shifted from bombing Britain to supporting the German army in the East. The diplomatic and military representatives Britain and the United States sent to the Soviet Union were never treated as well as their German predecessors had been, but in spite of endless difficulties and complaints, the military alliance of the three powers held.



In the first months of German advance and occupation, key features of German policy became clear to the local Soviet population and, of great significance, by rumour and other means would become equally clear to the rest of the Soviet people. The mass killing of civilians, the slaughter of people in hospitals and mental institutions, and the systematic starvation of prisoners of war—with shooting at locals who tried to bring the prisoners food and water—very quickly showed the Soviet people that they were fighting for their lives. Most adults and older people in the newly occupied areas had experienced occupation by the Germans and their allies' armies in the prior war; they could quickly see that while there had been terrible incidents then, this was an entirely different army. Whatever the locals thought about the systematic killing of Jews, most came to realize that they themselves were likely to be next. Many in the Ukraine and Baltic states initially imagined that the Germans would liberate them from an oppressive Soviet rule, but increasingly most came to realize that expropriation and extermination were central German aims. Some in the Ukraine never did realize that while Stalin had wanted them to become good communists, however many of them died in the process, Hitler now planned for them to disappear from the face of the earth—to be replaced by German settlers. However, over time an increasing proportion of the population learned. In the spring of 1942 the Germans calculated that in the first seven months of the fighting, well over two million Red Army prisoners of war had been killed or had died of disease and starvation in German custody, a toll of 10,000 a day, seven days a week. All this occurred in front of the local population. With a few exceptions, no one then knew these statistics, but the basic reality was obvious to all. The German military transformed Stalin from a hated and feared dictator into the benign protector and saviour of the peoples of the Soviet Union.



## The Eastern front in the winter of 1941–42

In October and November the Germans launched drives towards Moscow. German units ground forward in some places, but initial substantial advances in some places were offset by minimal advances in others. The foreign embassies were evacuated from Moscow, and detailed plans for the destruction of facilities in the capital and the displacement of government agencies were prepared. The front, however, held, and the Red Army was reinforced as German units were increasingly worn down. No one reading the postwar memoirs of German generals would know this, but it was just as cold and the snow was just as deep for the Red Army as it was for the Germans; the Germans were simply unused to these conditions. Furthermore, the British advances in north Africa obliged the Germans to transfer a whole air fleet to the Mediterranean, thus weakening German air strength on the Eastern front at a critical time.

While the Germans still struggled to inch forward in the centre, the Red Army won local victories at both ends of the front. In the south, the German advance had reached Rostov, the gateway to the Caucasus. A Soviet counter-offensive in late November drove them out of Rostov and to a position further west. In the north, the German force that had reached Tikhvin in hopes of connecting with the Finnish army was similarly driven back. At the front before Moscow, the Germans ground to a halt early in December just as the Soviets were about to launch a major counter-offensive.

Both from Soviet spies in Japan and the obvious absence of a major Japanese build-up in Manchuria, it was clear to Stalin that the Japanese had decided to adhere to the Neutrality Pact they had signed with the Soviet Union in April and instead of joining the Germans by attacking the far eastern provinces of the Soviet Union were about to attack the United States, Britain, and the Netherlands. This meant that most Soviet forces in the Far East, many of them experienced in the earlier fighting with the Japanese, could be brought to Europe and replaced, at least partially, with newly organized formations. Reinforced by divisions from Siberia, the Red Army in early December struck a totally unprepared and exhausted German central front. In some places German soldiers fled in panic, in some they fought hard, but the situation quickly developed into a major Soviet victory. It was not merely that the German advance had been halted and pushed back a little, in several places the Red Army had also broken through German lines, threatening the encirclement of substantial German units, and pushing westwards (Map 6). Unequipped to cope with the weather, German soldiers and equipment froze, and undernourished horses could not pull back much of the equipment through deep snow. However, for two main reasons, this German defeat did not lead to a total collapse of the German front.

While the German military leaders at the front wanted to withdraw to some kind of defensible line, and one of them, General Erich Hoepner, did do so, effectively saving a large force that had been about to be surrounded, Hitler refused this request.

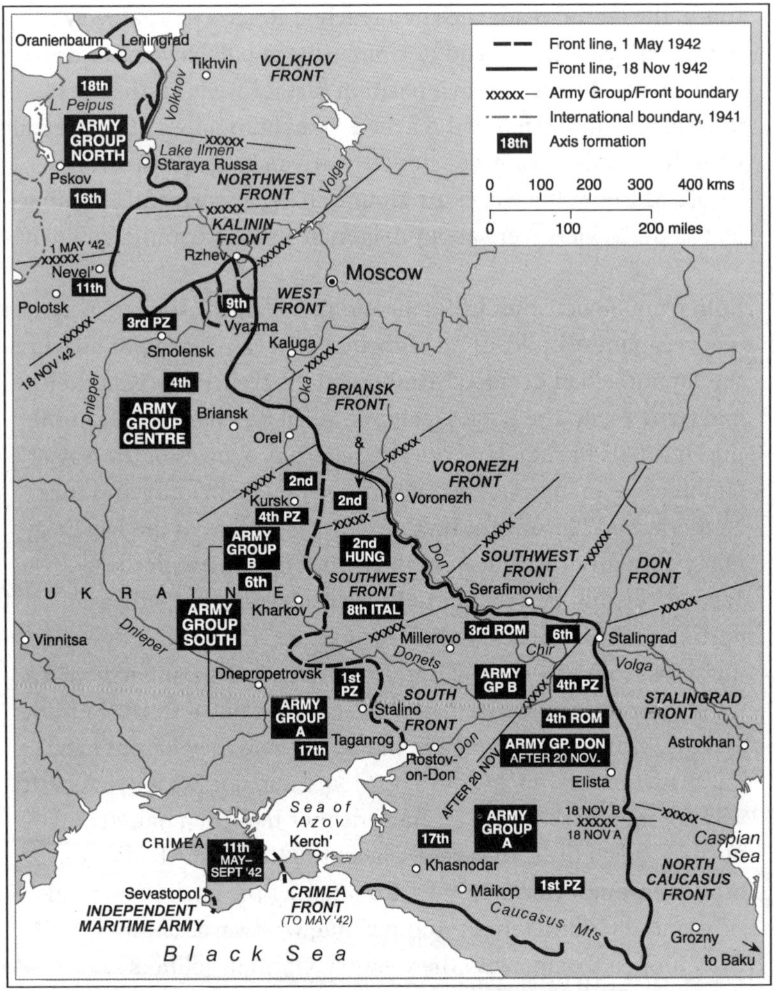


**6. German–Soviet Front, 1941**

Hitler was furious about Hoepner's withdrawal, and when told that he could not kick Hoepner out of the army and deprive him of his pension and the right to wear his uniform without a formal court martial, an outraged Hitler decided to have the German parliament meet to strip all Germans of all procedural rights. That would be done by an enthusiastic German parliament when it met for the last time during the Nazi era in April 1942, but this did not alter the crisis at the front in December. On the contrary, Hitler ordered that the troops halt wherever they were and fight from existing positions, even if surrounded. The German front began to hold, although at two places, Cholm and the Demyansk area, they were in surrounded islands. It may be that the success of the German air force in providing them with supplies until the German army could re-establish contact with them in the spring encouraged Hitler to try a similar arrangement with the far larger German force isolated in Stalingrad a year later.

The second main factor, however, that enabled the Germans to hold in the centre and avert disaster was the decision of Stalin to launch offensives on the northern and southern sections of the frontline. Instead of concentrating on a follow-up to the initial victory before Moscow, Stalin now underestimated the Germans in the same way that Hitler had earlier underestimated the Soviets. The Red Army offensives made only minimal gains at considerable cost while the Germans had time to stabilize the centre of the frontline. That front was one that looked most erratic, but it symbolized the total defeat of Germany's hopes of destroying the Soviet Union on the one hand, and the expectation of an exceedingly long and difficult set of campaigns ahead for the Soviets on the other. As fighting continued after the stabilization of the front in March–April 1942, it would remain the place where most of the fighting of World War II occurred.

## The unoccupied and the occupied Soviet Union

On the Soviet side of the front, the evacuated industries began to function and deliver products, especially weapons and munitions, for the Red Army. The people worked extremely hard even though working conditions were poor and food shortages developed. Substantial additional army divisions were raised, and the earlier small programme of releasing imprisoned purged officers and generals was expanded. Unlike the other combatant countries, the Soviet Union enrolled hundreds of thousands of women, placing them in combat formations as well as in support roles, including Red Air Force squadrons. With some help from transport planes provided by the United States, the Central Staff of the Partisan Movement provided munitions, officers, and directions to a partisan movement in the German-occupied parts of the country. This tied down German forces in rear area security operations, at critical times it interfered with German transportation and communications, facilitated the collection of intelligence, and reminded the population of the occupied areas that the regime was likely to return and they would be well advised to behave accordingly.

On the German side of the front, a civilian administration headed by Alfred Rosenberg had been prepared beforehand and was installed in territory well behind the front. Nearer the front, there was a system of military administration. In both, there was extensive economic exploitation and the seizing of individuals for slave labour in Germany and elsewhere. So-called anti-partisan operations that included rear area formations and frontline divisions temporarily assigned to the rear in almost all cases turned into mass slaughter of civilians and the burning of communities as the partisans escaped and subsequently found it easier to recruit new members. The Germans were especially enthusiastic about the Soviet system of collective farms which gave the state first call on the crop and hence extended it to the few remaining individual farms. They did recruit some collaborators including former prisoners of war who found this a possible escape from starvation. In a very few places the Germans also began to implement a tiny portion of their plan for massive settlement of German farmers who would eventually displace the allegedly inferior Slavic population, but there was little time for such experiments. High German officers looked forward to receiving huge estates in the East along with their regular bribe money from their beloved leader, but perhaps it would be fair to express doubt that large numbers of ordinary Germans would voluntarily have settled in the armed villages the regime planned to set up. They would presumably have found their names listed for compulsory resettlement in the local newspaper.

Germany turned over to Romania both the land earlier ceded to the Soviet Union and also an additional portion of the Ukraine. This territory, named Transnistria, became a Romanian colony where masses of Jews were murdered and Romanian officials had an opportunity to enrich themselves. Finland also received back the land ceded in the 1940 treaty. The hope of the Finnish government for additional Karelian territory was thwarted not only by the Germans—who intended to annex Finland but had not told them—but also by pressure from the United States, which, unlike Britain, did not declare war on Finland but cautioned the Finns about going too far.

The inability of the Germans to defeat the Soviet Union quickly made the whole war look different. Even the survival of Britain in 1940 had left most in Germany certain of victory and most people outside Germany wondering how Germany could be defeated. Things looked different now and some Germans began to worry about the outcome of the war, while the Allies began to look with more confidence to the future. This change in perspective was strengthened as Japan struck in East Asia and brought the United States into open participation in the war alongside Britain and the Soviet Union.

# Chapter 5
# Japan expands its war with China

## Japan decides to expand its war

Japan had been in open war with China since July 1937. It had rejected the possibility of a negotiated settlement in January 1938, and was continuing a process of occasional advances against Chinese resistance. It never occurred to leaders in Tokyo that it was the constant destruction of Chinese communities, killing and raping of Chinese civilians, and generally abominable behaviour that was slowly but steadily consolidating Chinese opposition and gaining support for the Nationalist government of Chiang Kai-shek. The Japanese took the view that it was supplies from other countries that was keeping the Chinese fighting. Whatever supplies that the Soviet Union provided over land and whatever other countries sent across the Burma Road or the Haiphong–Hanoi railway from French Indo-China were welcomed by the Chinese, but it was not this that caused them to decide to continue fighting—they would have continued to fight regardless, with or without this outside assistance. Because of their focus on the fight with China, German victories in the West in April, May, and June of 1940 looked to the Japanese government as an opportunity to close off much of the outside aid.

For years Japan had tried unsuccessfully by diplomacy to have the French government close the Haiphong–Hanoi railway. Now there appeared to be an alternative; the Japanese army would occupy the northern part of Indo-China and thereby close the route. The Vichy government, to which the French colonial administration was loyal, was agreeable to this request. In September 1940, as Vichy forces fought to keep the British and Free French away from Dakar in French west Africa, Japanese forces quietly occupied northern Indo-China. In view of the dangerous situation Britain was in after Germany's victory in France, the Japanese were able to pressurize the London government into closing the Burma Road for three months. When the three months were up, victory in the Battle of Britain made reopening the road look feasible, and Britain did so.

The leaders in Tokyo did not need the Germans to point out that the defeat of the Netherlands and France made their east Asian colonies attractive targets for the expansion of Japan's empire. Furthermore, Britain's need to defend the home islands against a possible German invasion and to defend its position in the Middle East against Italy in practice made it most difficult, if not impossible, for it to defend its vast possessions in south and southeast Asia and the dominions of Australia and New Zealand. When the Germans pointed this out to Tokyo as a unique opportunity to seize Singapore, the Japanese responded that they planned to do so but in 1946. That was the year when, under legislation passed by the United States' Congress, the United States would give up its bases in the Philippines, which was scheduled to become independent in 1944. The German government realized that the factor restraining Japan was concern about the Americans on the left flank of any southward advance. Since they expected to go to war with the United States anyway, they promised to join Japan in war with the United States as soon as Japan attacked the United States. Germany would then have on its side the major navy it had not yet been able to construct, before the Americans could complete construction of the two-ocean navy Congress had approved. When Japanese foreign minister Matsuoka Yosuke visited Germany in March 1941, Hitler personally repeated this promise.

Debates within the Japanese government revolved around the issue of timing and were influenced by the German invasion of the Soviet Union in June 1941. Rather than joining their German and Italian partners of the September 1940 Tripartite Pact against the Soviets, the Tokyo leaders decided to move south. It was clear to them that since the Soviet Union was fighting for its life, it could neither strike Japan in the back as Japan moved south nor continue to provide substantial aid to the Chinese Nationalists. In July 1941, therefore, Japanese forces occupied the southern part of French Indo-China, clearly moving *away* from concentrating on war with China to preparing attacks on territories controlled by the Netherlands, Britain, and the United States in east and southeast Asia as well as the South Pacific. There were both continued discussion within the Japanese government and detailed preparation for attacks on Malaya, the Dutch East Indies, the Philippines, and other American island possessions in the Pacific. It never occurred to any leaders in Tokyo that conquest of the oil wells, tin mines, and rubber plantations of southeast Asia could not lead to moving these wells, mines, and plantations to the home islands of Japan. It would merely mean Japanese control of the sites, with the need to move their products to the home islands on Japanese ships, without the help of chartered ships of other countries. Of critical significance for the fighting Japan was about to start was, therefore, that no serious preparations had been made either to utilize their own limited shipping efficiently or to protect it from submarine attack.

While the Japanese were preparing their moves and printing occupation currency for the lands to be conquered, the American and British governments were trying to discourage them from attacking their possessions. Unlike the Soviets who had sent supplies to the Germans until minutes before being attacked, the American government had earlier reduced some forms of trade with Japan and had embargoed oil when southern Indo-China was occupied. Knowing that there was no Chinese navy for Japan to fight with, oil was a product needed by Japan for war with Britain, the Netherlands, and the United States. The British and Dutch similarly stopped oil sales to Japan. American leaders, especially President Roosevelt personally and the secretary of state, Cordell Hull, spent countless hours in negotiations with Japanese diplomats in Washington. The latter preferred peace, but the Tokyo government was moving in the opposite direction. It was not influenced by American and British efforts to deter Japan from expanding the war it was already involved in. In their deterrence efforts, the United States had moved a large portion of its fleet to Hawaii and sent the first available B-17 flying fortresses to the Philippines, while Britain ordered the movement of two major warships, a battleship, and a battle-cruiser to Singapore. In the final weeks of talks, the suggestion came up that if Japan would evacuate southern Indo-China, the United States would sell them all the oil they wanted. Japanese diplomats in Washington were immediately instructed not to discuss this possibility—which implied abandonment of expanding the war with China—under any circumstances. In view of the American ability to read Japanese diplomatic traffic, a warning of imminent war was thereupon sent out from Washington.



Since neither the German nor the Italian governments had developed a reputation for adhering to their promises, whether or not in treaty form, the Tokyo government checked a few days before actually striking whether the promise to go to war with the United States still held. Positive answers were received promptly. Hitler in fact had been seriously worried that the growing troubles experienced by the Germans on the Eastern front might discourage Japan from striking, and he repeatedly made and authorized far more positive announcements about the situation there than reality warranted. Between Roosevelt's hopes of delaying the Japanese until they could see that Germany was not as certain to win the war as they believed and Hitler's concern lest exactly that realization might occur to the Japanese and discourage them from this attack, it was the German leader's hope that won, by a margin of two weeks—Japan struck before the German defeat outside Moscow became obvious.

## The Japanese advance

Japan's war plan called for a series of prompt moves to occupy Thailand and invade Malaya, to invade the Philippines, to seize the American held islands of Guam and Wake, and then to conquer the Dutch East Indies, Burma, and the British, American, and French held islands in the South Pacific. These moves needed to be shielded from American and British naval interference. The Japanese navy's previous plan to meet an American fleet moving to protect and/or rescue the Philippines in a major naval battle in the western Pacific was abandoned in mid-October 1941 in favour of Admiral Yamamoto Isoroku's project of a peacetime carrier-plane attack on American warships in Pearl Harbor. This was because Admiral Yamamoto Isoroku threatened to resign as commander of the combined fleet unless his plan was adopted. The 7 December 1941 attack had a devastating impact on the American navy and thus did remove it from threatening the flank of the Japanese push south. It also, however, had much wider negative effects for Japan's prospects in the overall war, effects that could have been easily predicted.

The unprovoked attack on a Sunday in peacetime—which enthused Hitler, who had done this to Yugoslavia in April of that year—aroused a violent reaction from the American public, nullifying all Japanese hopes for an eventual negotiated settlement of the conflict. The Japanese had assumed that the Americans would never choose to expend blood and treasure to reconquer islands they had never heard of, and so these could be returned to the colonial masters of whom they disapproved. However, the reality was exactly the opposite: the Americans were now prepared to fight until Japan was crushed. In that fight, they would be assisted by two other predictable features of the attack on Pearl Harbor. In view of the shallow water of the base—something the Japanese had known about and so had utilized special shallow moving torpedoes—all but two of the eight American battleships the Japanese imagined they had sunk had in fact simply settled into the mud from where they could be raised and repaired, and subsequently returned to service. As for the crews, although the loss of life on the *Arizona* was great and substantial numbers were killed or wounded on the other warships hit, the overwhelming majority of the trained and experienced crew members of ships that had been in port in peace on a Sunday survived the attack. The extraordinarily rapid revival of the American navy was due not only to the arrival of new warships built in the country's yards but also to the availability of thousands of seamen from the ships that had been struck.

The two British warships sent to Singapore in the hope of deterring Japan arrived in early December and left harbour on news of the Japanese landing in northern Malaya. These warships were located by a Japanese submarine, and they were attacked by Japanese planes with torpedoes and bombs. In the absence of any British air cover or effective anti-aircraft armament, both were sunk on 10 December. There was very little British air force available due to the pressing need for cover within the United Kingdom and the Mediterranean. The Japanese force that had landed on the coast was able to push inland relatively quickly. The defending British ground force consisted of two Indian and one Australian division together with minimal units from Britain. The three Japanese divisions commanded by General Yamashita Tomoyuki had begun landing on 8 December and pushed south against faltering resistance. The British sent additional troops to bolster the defence, but while there was hard fighting in a few places, the Japanese drove the 300 miles to the southern end of Malaya by the beginning of February. The crossing of Japanese forces to the island of Singapore, beginning during the night of 8–9 February, led, after some fighting, to a British surrender on 15 February, with an army substantially larger than the attacking Japanese force headed for captivity. In Singapore itself, Japanese soldiers murdered and raped civilians by the thousands. There were incidents of horror wherever the Japanese army operated; but a similar incident of mass violence occurred only once more—in Manila in March 1945, with Yamashita again in command.

When British forces at Singapore surrendered, the Japanese had seized the British colony of Hong Kong as well as the American island of Guam, and, after an earlier failed attempt, they also took Wake Island. They were, however, still embroiled in bitter fighting on Luzon in the Philippines, where President Roosevelt had sent General MacArthur to assist in the development of a Philippine army capable of defending the country when independence had been scheduled for 1944. MacArthur had reversed the earlier defence plan, which had focused on holding the Bataan Peninsula to deny Japan the use of Manila harbour, in favour of an unrealistic plan to defend the whole island of Luzon. The Japanese plan provided for an attack on the American air force on 8 December, and landings both in the north of Luzon and south of Manila on 10 December. The air strike, though some ten hours after the attack on Pearl Harbor, caught most of MacArthur's planes on the ground, and both landings succeeded. It quickly became apparent that the new defence plan was not working, and surviving American and Philippine units moved to Bataan. The needed food and other supplies had not been stapled there because of the changed plan, which meant that the American and Philippine soldiers were weakened terribly by hunger and disease. They nevertheless put up a far harder fight than the Japanese had expected. The Japanese commander, General Homma Masaharu, had to obtain reinforcements. The exhausted defenders were driven back and had to surrender on 8 April with the fortress island of Corregidor surrendering on 6 May and the remaining defenders in the Philippines surrendering on 9 June. Thousands of the soldiers who had surrendered on Bataan were murdered by the Japanese military as they were driven to camps. The survivors were systematically exploited and often murdered in prisoner of war camps and mines. Roosevelt had earlier ordered MacArthur to leave Bataan for Australia to command American forces that were to be sent there. In the

Philippines, there developed both substantial collaboration with the Japanese and a small but growing resistance and guerrilla movement. The latter provided some trouble for the Japanese and intelligence for the Americans.

Japanese conquests of Malaya and the Philippines were preliminary to their intended conquest of the Dutch East Indies. Already on 15 December Japanese forces landed on the island of Borneo, which was then partly under British and partly under Dutch control. In the following weeks the Japanese landed on one island in the area after another. They destroyed a combined Dutch, American, and British fleet in the Naval Battle of the Java Sea at the end of February and forced the surrender of the largest Allied force in the area, on Java, on 8 March. By then they had also landed both at the western, Dutch, portion of the huge island of New Guinea and on its northeastern coast, where they seized the towns of Lae and Salamaua. Japanese expeditions from the Mariana and Caroline islands mandated to them after World War I headed for the islands to the south and quite rapidly took over the Admiralty, Gilbert, and Bismarck islands as well as most of the Solomon Islands (Map 7 and 8). Of special importance was that their seizure of the Bismarck island group included the major port of Rabaul at the northern end of New Britain. It became the central base for the Japanese campaign that now threatened Australia and New Zealand.



Simultaneously with this conquest of the Dutch East Indies and large numbers of British territories and islands in the South Pacific, the Japanese army drove into Burma. On the same date that Java surrendered, the Japanese entered Rangoon. In subsequent weeks, they drove the British, Chinese, and a small American force out of the rest of Burma, attaining essentially complete control by the end of April. This conquest, and the occupation of islands in the Indian Ocean, raised the possibility, welcome to Vichy, of a Japanese occupation of the island of Madagascar, thereby closing off the Allied sea supply route to

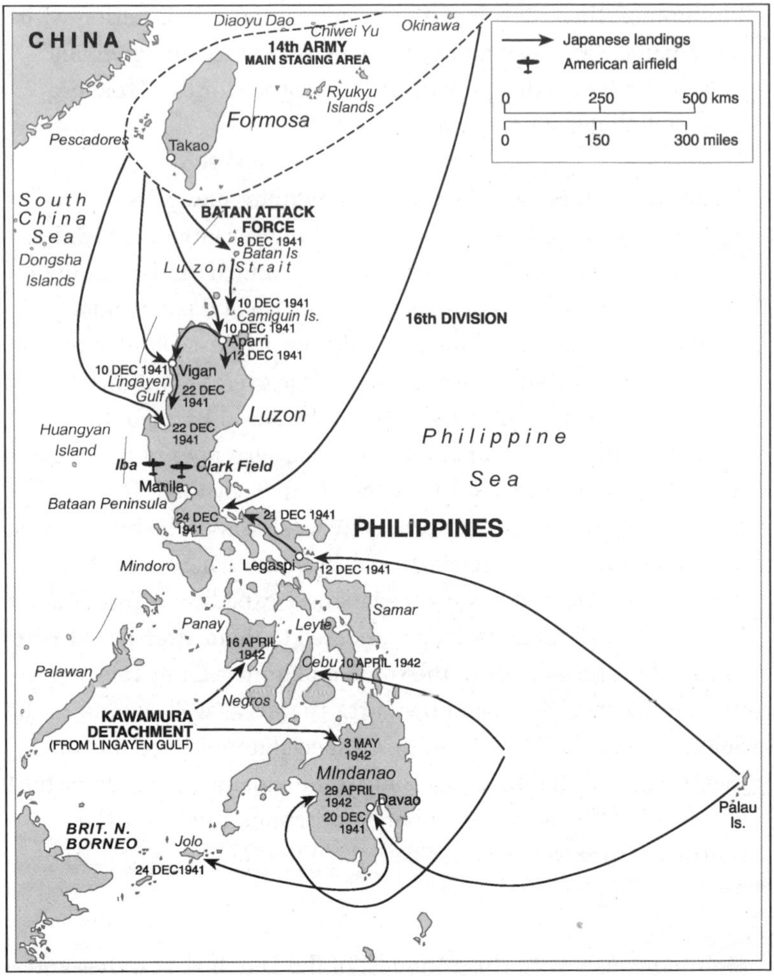


7. **The Philippines 1941–42**



India, to the Middle East, and to the Soviet Union across Iran. In view of this danger, British forces with indirect American support landed at the northern end of Madagascar on 4 May 1942, and in subsequent months took the whole island. The Japanese had not only missed an opportunity there but because of differences between the army and navy, they had also refrained for the time

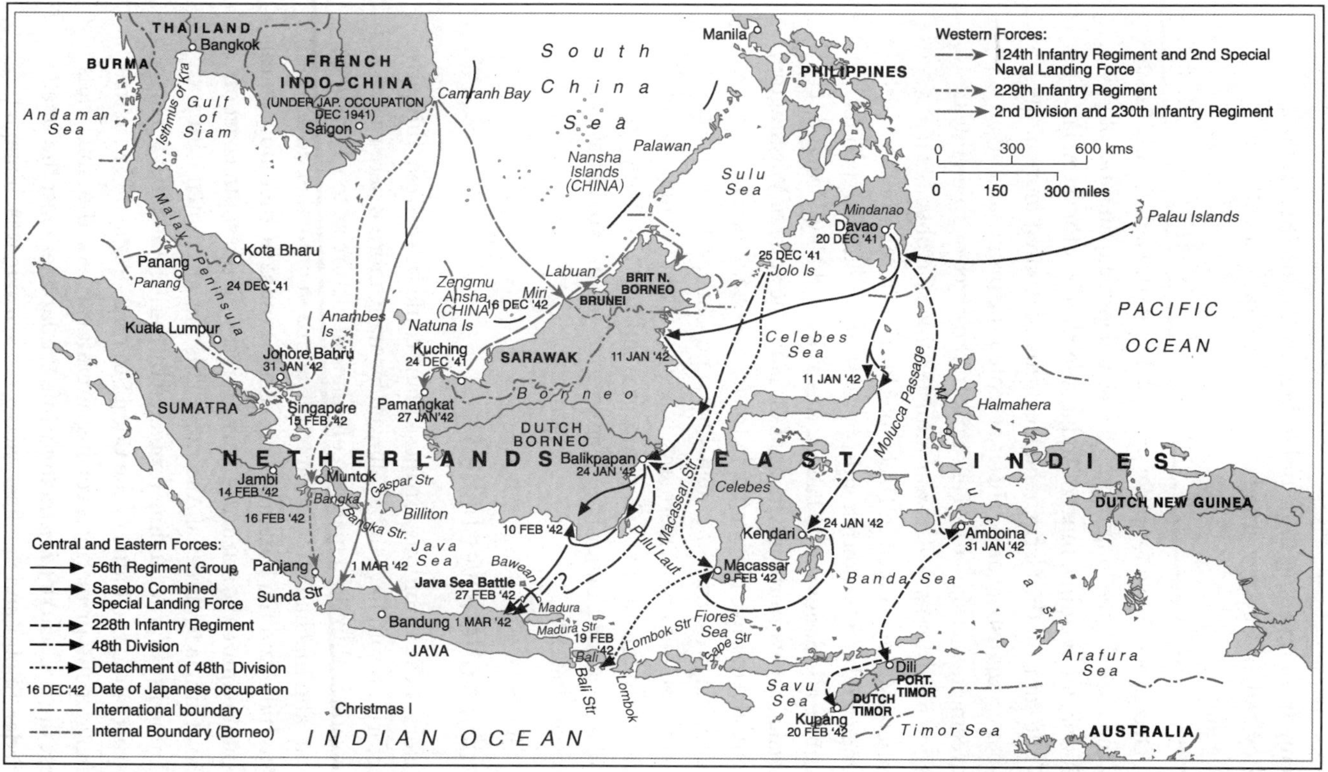


8. The East Indies 1941–42

being from invading India or landing on Ceylon (Sri Lanka). They had, however, worked out a division of Asia with the Germans.

In December Tokyo formally proposed to Berlin a division of Asia at the 70th degree longitude. This would give Japan most of Siberia, all of China, most of India, and all of southeast Asia. While some in the German high command wanted more of the Siberian industrial area, Hitler accepted the proposal, and an agreement was signed in February. In the office of Tojo Hideki, prime minister as well as war minister since October 1941, a project was developed in December for the division of the South Pacific and the Western hemisphere. It provided for Japan to acquire all islands in the Pacific, Australia and New Zealand, Alaska, the western provinces of Canada, the state of Washington, Central America, the islands in the Caribbean, Ecuador, Columbia, western Venezuela, Peru, and Chile. This proposal was not placed before the Germans, but since it left the majority of the Western hemisphere to Germany, it is unlikely that Hitler, who had agreed for a majority of Asia to go to Japan, would have found it objectionable.



## Japan's offensives halted

Before these ambitious Japanese plans could be realized, the early victories would have to be followed by many more. There was division within the Japanese command structure as to where to go next, and this had already led to the abortion of further advances into India and the Indian Ocean. A substantial further move south would require the seizure of Port Moresby on the south coast of New Guinea to threaten Australia. This was attempted with a planned seaborne landing protected by the Japanese navy. This thrust led to the Battle of the Coral Sea on 3–8 May 1942. In that engagement, primarily involving aircraft carriers, the Americans lost the fleet carrier *Lexington* while the Japanese lost the small carrier 'Shoho' and one fleet carrier of each side was damaged.

Whatever the relative losses, the strategic victory was with the Americans because the Japanese abandoned the landing assault on Port Moresby. They would instead move to take that town by an overland move across New Guinea on the Kokoda Trail but were stopped short of their goal by Australian forces, aided by American air units, on 17 September 1942. By that date, the Japanese attempt to seize a combined Australian–American base at Milne Bay at the southeastern end of New Guinea had also been crushed.

Immediately after the setback at Coral Sea, the Japanese decided on two further operations. They would bomb the American air and naval base at Dutch Harbor and seize the two western islands Kiska and Attu in the Aleutian chain off the coast of Alaska. Two carriers sent planes to bomb Dutch Harbor and then escorted the landing detachments that took the two islands in early June 1942. Although this operation might provide a base for further conquests in that area as well as prevent American attacks on Japan from that direction, the carriers involved could not participate in the major naval action occurring simultaneously further south. That was the Japanese operation to seize the island of Midway on which Yamamoto had again obtained his way by threatening to resign as commander of the combined fleet. It is possible that there was also greater willingness in the Japanese command structure to approve this operation because of the air raid by American planes led by Colonel James Doolittle on Tokyo on 18 April 1942.

While the Americans had the carrier *Yorktown*, which had been damaged at Coral Sea, at least partially repaired at Pearl Harbor, neither the Japanese fleet carrier damaged at Coral Sea nor the one that had lost many of its planes in that battle was included in the force that was to destroy the rest of the American navy in the Hawaii area and seize the island of Midway. An additional two of the six carriers in the Japanese fleet headed for Midway were held back to protect the fleet of battleships and cruisers that was expected to destroy the American fleet when it sallied to protect Midway. However, American intelligence officers at Hawaii had puzzled out the Japanese plan, and the American navy's three carriers were ready to surprise the four Japanese carriers southeast of Midway on 4 June. As the Japanese shot down low flying American torpedo planes, the American dive bombers sank three of the Japanese carriers and, soon after, the fourth carrier. The *Yorktown* was seriously damaged and then sunk by a Japanese submarine, but the battle clearly favoured the Americans. The Japanese battle fleet turned back, having lost a cruiser and some other warships, but more importantly the Americans could and did replace the carrier that had been lost and the aircrew that had been killed while the Japanese could not replace the carriers. Furthermore, the Japanese had never established a serious programme of training aircrew replacements, so that the loss of experienced pilots at Coral Sea and Midway meant that, thereafter, the Japanese would always face a shortage of well trained pilots.



The Battle of Midway halted Japanese advances in the Pacific and opened the way for an American counter-offensive. That came in August 1942 at Guadalcanal and will be covered in Chapter 6. What is critical for an understanding of the war in general is that the Japanese advance, though halted, had obliged the United States to depart temporarily from its 'Europe First' strategy and instead send a majority of its newly mobilized and available forces to the Pacific theatre throughout 1942 and into the first months of 1943. This process delayed American operations in the Mediterranean and European theatres. However, the Axis powers were unable to take advantage of this delay because of their own failure to coordinate operations. This failure is summed up by the fact that the Germans only learned that Japan had lost, not won, the Battles of Coral Sea and Midway when the Japanese asked to purchase the uncompleted German aircraft carrier *Graf Zeppelin* and haul it to the Pacific. Presumably the Americans, who decoded the relevant messages, were disappointed that Germany turned down this request.

## A wider war

As soon as Hitler heard of the Japanese attack on Pearl Harbor, he ordered the German navy to go to war with the United States and eight other countries in the Western hemisphere. He did not want to wait the three or four days needed to summon the German parliament, give them the good news of war with the United States, and go through the diplomatic formalities. Italy also promptly declared war on the United States. So did three other states aligned with Germany: Hungary, Romania, and Bulgaria. While President Roosevelt sent messages to Congress for declarations of war against Japan, Germany, and Italy, which Congress promptly passed, he had the State Department try for six months to get the other three countries to withdraw their declarations. When they absolutely refused to do this, he gave up negotiations in June 1942, and Congress accommodated the aggressors by declaring war in turn. Whatever the intentions of the leaders of Hungary, Romania, and Bulgaria, in alliance with Germany, with regards to the United States, there was no question about the immediate threat from Germany and Italy: it was from submarines in the Atlantic and Caribbean.



In anticipation of war with the United States, Admiral Dönitz, the commander of German submarines, had sent a number of these towards the American east coast. In the first six months of 1942 they sank many Allied merchant ships as no convoy system was in effect and the coast was not blacked out. German submarines surfaced at night and torpedoed ships silhouetted against the lights of hotels, motels, and houses. The German effort was also assisted by a change in their navy's code system that interrupted Allied ability to decipher naval radio messages for much of 1942. As if this setback for the American navy was not enough, there was what must be called a disaster for the country's own submarines. It turned out that the torpedoes provided to them were hopelessly defective. At the beginning of the war, the German navy had encountered a somewhat similar problem, but it had been corrected much more rapidly than the Americans' problem. Not until well into 1943 could American submarine commanders and crews rely on the torpedoes they fired at Japanese ships to run at the depth they were supposed to and to explode when they hit. The extreme vulnerability of Japanese navy and industry to being deprived of oil and other materials could not be exploited until well into the conflict.

The war now included all major powers, and at a conference in Washington in January 1942, the Allies called themselves the United Nations, a label under which they would fight together and later organize a new world organization. Nothing similar ever appeared on the other side.

# Chapter 6
# The turning tide: autumn 1942–spring 1944

## Germany's 1942 offensive and disaster in the East

After the Germans had essentially stabilized the Eastern front in April–May 1942, they initiated 'Operation Blue', their offensive for that year. The losses they had suffered the preceding year precluded a repetition of offensives on the whole front. There would be only one on the southern portion to seize the Caucasus oilfields, thus simultaneously depriving the Soviets of this essential resource and enriching the Axis war effort. Any success of this offensive would involve lengthening the flanks of the advance, so in the winter of 1941–2 the Germans urged their Romanian, Italian, and Hungarian allies to increase their commitment of troops to the Eastern front, which they did. The Germans, however, did not provide their allies with the needed anti-tank guns and other modern equipment and would be surprised when, in the winter of 1942–3, Red Army offensives sliced through the parts of the front these units held.

On the southern segment of the front, the Soviets had made some significant gains in their winter offensives, but most were undone by German operations before they launched Operation Blue on 28 June. Many Red Army reserves had been held before Moscow in mistaken anticipation of a German offensive there, and so initially German forces advanced substantially. Two developments affected the development of the fighting. For the first time, Stalin allowed front commanders to arrange substantial retreats, so that German encirclement drives failed to bring in the huge numbers of captives characteristic of 1941. Second, the Germans not only sent an army group towards the Caucasus through a retaken Rostov but had another army group drive towards the Volga at Stalingrad to protect the northern flank of their expected conquest. Both thrusts first advanced substantially but were slowed and then halted. On the one hand, the Germans had not been able to replace fully the human and material losses suffered the preceding year, while on the other hand Red Army units fought bitterly and increasingly ably. In the southern thrust, the Germans captured the Maikop oilfield but were halted both before Novorossisk on the Black Sea coast and before Grozhny in the Caucasus at the end of August. At the same time, the German force headed for Stalingrad had reached the Volga but was stopped in and around that city (Map 9).



The Germans bombed Stalingrad heavily and fought their way into the city as the Red Army contested every block and counter-attacked repeatedly, especially on the northern sector of the urban front. More and more German units were thrown into street fighting while the Soviets sent reinforcements into the city across the Volga. Since the two German army groups were 200 miles apart, they could not assist each other as both tried to grind forward. The Red Army launched first a minor and then a major offensive on the front before Moscow, but both failed to dislodge the Germans from positions they had held the preceding winter. However, the situation at Stalingrad was different.

The flanks of the German advance into Stalingrad were held primarily by Romanian armies assisted by some German units. As the Stavka, the Red Army command, dribbled reinforcements into Stalingrad, it prepared massive offensives against the northern and southern flanks of the Germans fighting within the city. Having waited until the Western Allies landed in northwest

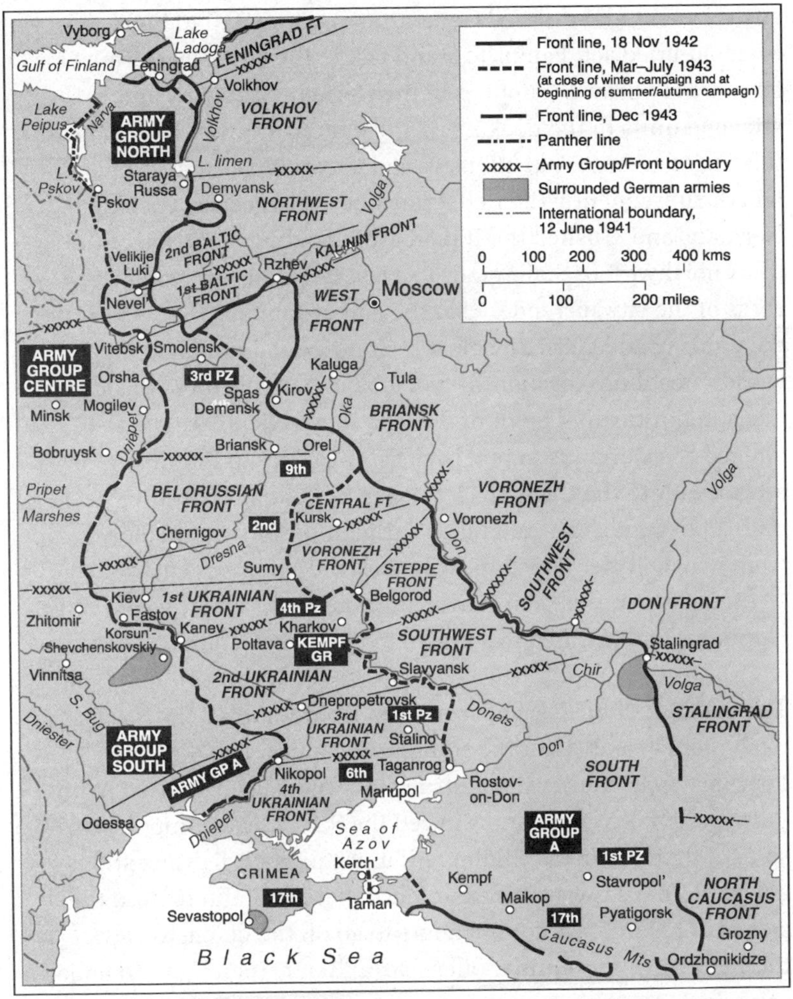


**9. German–Soviet War 1942–43**

Africa, which thereby tied down German forces in the West (a subject reviewed subsequently), the Red Army launched 'Operation Uranus' on 19 November. Both in the north and the south, massive armoured units and infantry broke through defending Romanian and German forces, meeting a few days later. Even before the formal junction, Hitler had both created a new army group that was to break through the developing encirclement and ordered General, soon promoted to Field Marshal Friedrich Paulus to stand fast in the city. The German air force was to provide supplies to the German 6th Army and attached units in the pocket and the new army group was to break the encirclement. That offensive started on 12 December but failed. Subsequently the Red Army both battered the encircled Germans and crushed the Italian army holding a portion of the front northwest of Stalingrad. The last German survivors in the ruins of the city surrendered at the end of January 1943. Critically, the fighting and German defeat at Stalingrad dominated the world's headlines for months and looked to many on both sides like a major turning point in the war. In practical terms it also obliged the Germans to pull back the army group that had advanced into the Caucasus lest it too be cut off. That force held onto a portion of the land taken earlier, the Kuban bridgehead, from which Hitler hoped to strike into the Caucasus again in 1943. However, this plan proved impossible for a now weakened Germany, and the area was evacuated in early October 1943.



The collapse of the German southern front tempted the Soviets to push more rapidly than the situation warranted; and in late February 1943 the Germans struck into the advancing Red Army units, retook Kharkov, and showed the Soviet leadership that in spite of their victory at Stalingrad, much difficult fighting still lay ahead. Perhaps it was this experience that led Stalin to heed the advice of his military commanders to go on the defensive, await the 1943 German summer offensive, and only then move to major offensives. The bulge around the city of Kursk looked to both sides the obvious site of the next major encounter: the Soviets turned it into the most heavily fortified area yet, and the Germans prepared to assault it from both north and south (Map 10). The German offensive was repeatedly postponed as the Germans resupplied their forces, especially with the new heavy tanks, the Mark V Panther and Mark VI Tiger, which had been ordered and designed after they had learned in 1941 that the Red Army had the bigger and better tanks.

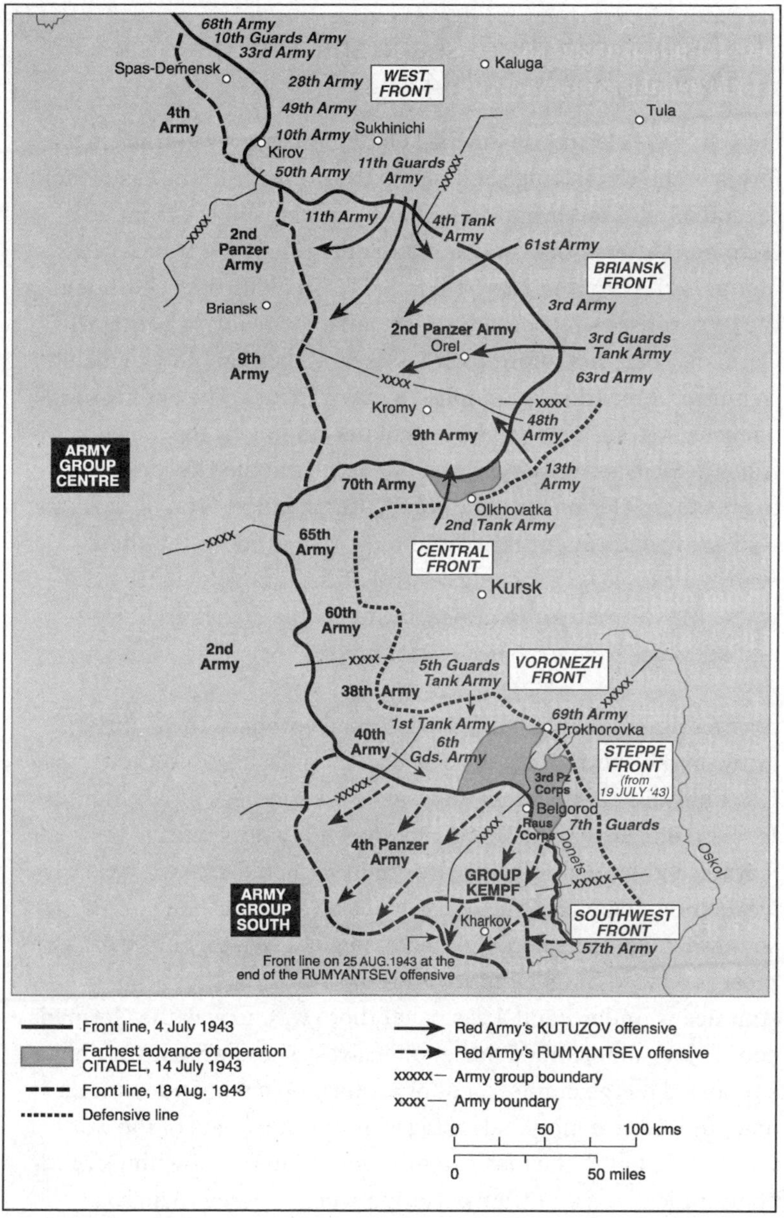


**10. Battle of Kursk**

## The initiative in the East and shifts in the Mediterranean in 1943

On 5 July the Germans launched Operation Citadel to crush Soviet forces in the Kursk bulge and regain the initiative in the east. After several days of bitter fighting at both segments of the front, the Germans battered their way forward and inflicted very heavy losses on the Red Army, but they still failed to break through. Although the loss statistics favoured the Germans, the reality was that the Germans could not afford their losses, and their inability to make a significant breakthrough implied a major failure. The ending of the offensive was speeded up by news of the landing by the Western Allies in Sicily as well as a Soviet offensive into the Orel area behind the northern German attack into the Kursk bulge. From here on the Red Army had the initiative and took it at a time when the Red Army's air force was gaining control of the air over a battlefield where the German air force—facing demands in the Mediterranean and at home—was stretched ever thinner.



A series of major Soviet offensives first drove back the German army on the central part of the front, then pushed into the Ukraine, and at the end of the year broke the siege of Leningrad. In these offensives, the Red Army showed that its officers had learned a great deal, while the German armed forces were clearly weakening. Even if the lead in the quality of tanks had shifted somewhat against them, the Red Army had so many more tanks, most produced in its factories and some provided by the Americans under Lend-Lease, that there was no way the Germans could block determined Soviet offensives. These were invariably supported by the employment of artillery on a stupendous scale and enjoyed two major advantages in the later years of the war. On the one hand, the partisan movement interfered with German communications and transportation when ordered to do so at critical times and places. On the other hand, German intelligence on the Eastern front, headed by General Reinhard Gehlen from early 1942 on, was almost invariably fooled by Soviet disinformation and Gehlen's hopeless incompetence. The spring of 1944 saw the Soviets in a position to decide how best to crush the remaining German forces in the Soviet Union, and they coordinated their timing with their allies.

The Western Allies were fighting a multi-front war, unlike the Soviets who could concentrate on just one. Having finally held the German–Italian advance in Egypt in July 1942, the British with American support prepared an offensive there. It started at the end of October: in a grinding battle at El Alamein they defeated the Axis force, pushed its remnants slowly through the Egyptian and Libyan deserts, and were to be met by a combined American and British landing in French northwest Africa. Those landings, called 'Operation Torch', succeeded in getting ashore on both the Atlantic and Mediterranean coasts of Morocco and Algeria on 8 November. The Vichy units at first fought against the landings, but then General Dwight Eisenhower, the Allied commander, made an arrangement with the Vichy leader, Admiral François Darlan, who was there because of his son's illness, to end the fighting and have some French troops now under his command switch sides. Because the Vichy-loyal commander in Tunisia offered no resistance to German and Italian forces quickly thrown across the Mediterranean from Sicily, the Axis powers could hold the key places in Tunisia, Tunis, and Bizerte and stop the advancing Allied armies. These events have to be seen in the wider context of war. Hitler had hoped to drive the Allies out of northwest Africa, but he could not send enough forces there because of the Soviet offensive at Stalingrad. On the other hand, the German army sent to Tunisia could not be employed in the effort to break the Stalingrad encirclement. The critical impact for the Western Allies was that the need for a campaign to seize Tunisia from the Axis forces there, who were joined by those retreating from El Alamein, meant that there would not thereafter be sufficient time in 1943 to move troops from Africa to Britain for an invasion across the Channel in that year; it had to be postponed to 1944.

During the fighting in Tunisia, American and British political and military leaders met at Casablanca in January to plan future steps. It was clear that there could not be an invasion of France in 1943, and to make a real contribution to the fight against the Axis that year, it was decided to invade Sicily as soon as possible after victory in Tunisia, and thereafter perhaps mainland Italy. The air offensive against Germany would proceed on an increasing scale with the American air force concentrating on efforts to hit industrial and other important targets by day while the Royal Air Force would continue to concentrate on bombing cities by night. Because of the steady monthly losses of ships at a greater rate than the Allies could build them, the fight against Germany's submarines was allocated the highest priority in 1943. Both to calm down the upsets caused in Britain and the United States by the deal with Darlan and to reassure the Soviets that postponement of the invasion in the West did not mean any relaxation of the war effort of the Western Allies, this was also the occasion for public announcement of a policy both had arrived at long before: the countries of the Axis would have to surrender unconditionally. The suggestion to exempt Italy had been vetoed by the London cabinet, and Roosevelt and Churchill devised a way to make the announcement a special part of their public message from Casablanca.



By the time of the Casablanca Conference, Darlan had been assassinated by a French royalist, and the two Allied leaders had tried to reconcile the Free French leader de Gaulle with the French general Henri Giraud who had escaped from a German prison camp. De Gaulle had soon pushed Giraud aside and established a provisional French government at Algiers. Substantial numbers of French troops in north Africa joined the larger British and American forces that fought in Tunisia against the Axis units now trapped between them and the British force that had driven across Libya. At Kasserine Pass near the southern end of the Tunisian front a German strike defeated a part of the untried American army, but the Germans were halted, and in the subsequent months they were driven into the northeastern corner of Tunisia where well over 270,000 Axis soldiers surrendered in early May 1943. Just as German transport planes trying to supply the encircled German army in Stalingrad could not fly to supply Axis units in Tunisia, so the planes that did fly from Sicily to Tunisia could not augment the air supply of the Stalingrad pocket. Similarly, the Americans had been obliged to divert forces to the Pacific by the Japanese advance, and the European Axis was also being obliged to engage several fronts simultaneously.

## The war at sea and in the air

The operations following the Axis surrender in Tunisia, and the landings on Sicily and the Italian mainland, presupposed an Allied turning of the tide in the war at sea, which they had made their highest priority. In spite of difficult convoy battles with German submarines in March and April, the Allies attained a major victory in May and June of 1943. The employment of more long-range planes, escort carriers, ship-borne radar, additional escort warships, and renewed breaks into the German naval code enabled the British, American, and Canadian navies to sink so many German submarines that Dönitz gave up on the North Atlantic. He received encouragement from Hitler for the development of two new classes of submarines, and the German leader would subordinate strategy on the northern portion of the Eastern front to the need to control the Baltic Sea so that these new submarines and their crews could be tried and trained. However, by the time these were ready, in April 1945, the war was ending. The Allies, on the other hand, had removed the stranglehold that shipping losses had placed on their strategic choices when new building had exceeded total losses in the autumn of 1943 and continued to do so ever more thereafter.



Both the British and the Americans substantially increased their air attacks on Germany and German held parts of Europe during 1942 and 1943. The major British raids on Hamburg in July 1943 touched off for the first time a firestorm—a type of urban disaster that recurred several times in later raids. Whatever the arguments then and after the war about the effectiveness of the strategic bombing offensive and the morality of targeting cities, several aspects of these operations are beyond doubt. The German people, who had been so enthusiastic about the Nazi regime's breaking the restrictions imposed by the 1919 peace treaty, were now experiencing what the victors of World War I had attempted to prevent. After 1945 some German cities have deliberately maintained a major ruined building, usually a church, to remind succeeding generations of what can happen. Another significant impact of bombing was that there was considerable disruption of industrial production, the transportation system, and the critical synthetic oil industry. By 1943 the Germans were firing more shells into the air than across the fronts, and by 1944 there was more German artillery aimed at the sky than at ground targets. In addition literally hundreds of thousands of men, prisoners, and eventually male and female youngsters were used to operate the anti-aircraft system. Just as the 1,000 submarines Germany built during the war utilized materials that could otherwise have enabled the production of about 30,000 tanks for the Eastern front, so the diversion of German resources to coping with the bombing campaign assisted the Soviets, who were doing most of the fighting.

This diversion of German resources to the defence against bombing threatened to turn the tide in the air war against the Western Allies in the autumn of 1943. The combination of large numbers of German fighters with ground-based anti-aircraft fire inflicted increasing losses on the attacking bombers. With the loss ratio rising to high levels, the Allies had to change their operations because complete control of the air over Western Europe was as much a prerequisite for any invasion there as it had been for the Germans for any invasion of England. It was in this context that the need to escort bombers all the way to their targets by fighters led to the successful role of the F-51 Mustang fighter and major air battles in February and March of 1944. The subsequent development of the war in Europe was greatly affected by, first, the failure of the Germans to reverse their defeat at sea in June 1943; and, second, the success of the Allies in reversing the problems that their air forces had faced in the autumn of that year.

## Campaigns in Sicily and Italy

The immediate follow-up to the Tunisian campaign was the landing of British and American forces on Sicily in 'Operation Husky' on 10 July 1943. The landings from the sea were preceded by a deception that led the Germans to expect invasions elsewhere and airborne assaults that involved massive confusion on the Allied side but did assist the landings a little. Italian units dissolved relatively quickly while the German units fought hard, at one point threatening to crush the American landing at Gela. As the British 8th Army, ran into difficulties in the southeast corner of the island, its commander, General Montgomery, had the unit take over one of the main routes assigned by planners to the American 7th Army, with the result that General Patton headed it towards Palermo in the northwest corner. That push worked, but then the Allies had to drive the Germans out of the northeastern part of the island, something they succeeded in doing, but only with the bulk of German forces escaping across the Strait of Messina (Map 11).

The Allied conquest of Sicily had three major effects on the war. It helped precipitate the fall of Mussolini, who was dismissed by his fascist associates on 25 July and then arrested by order of King Victor Emanuel. Fascism had lost its support in the Italian population as the regime had lost the country's colonial empire; had suffered a great number of casualties on an Eastern front that Italians had had no interest in having their country committed to; and, it must be added, had fully aligned the country with the Germans, who were generally disliked by Italians, especially as

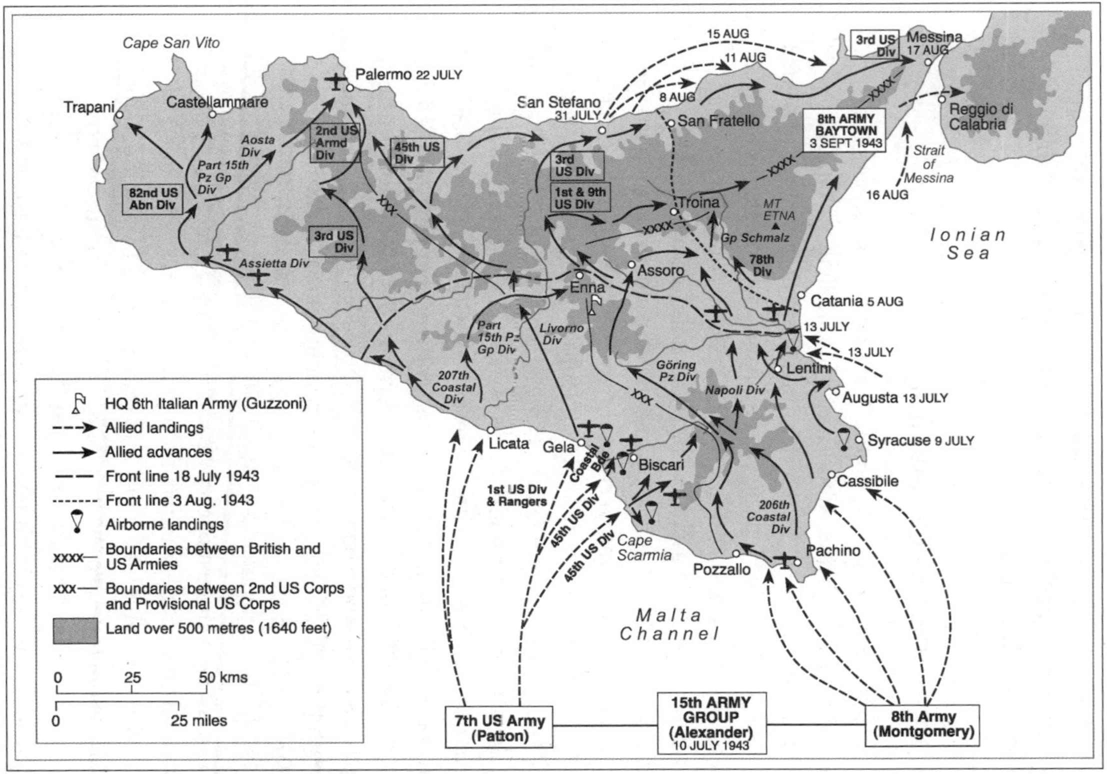


11. Sicilian campaign

German troops now poured into the country at Hitler's orders. This last point is related to the second result of the Sicilian campaign. As it became obvious to the German high command that the Italian military and public were tired of the war, they realized that German troops would have to replace Italian units stationed in occupied France, Yugoslavia, and Greece as well as in the defence of Italy itself. This realization had been particularly brought home by the Italian surrender of September 1943, but it had begun months before.

The third result of Allied victory on Sicily was interrelated with the second: the Allies decided to invade the mainland of Italy while the successor Italian government of Pietro Badoglio was negotiating a surrender. Allied landings in September, with the British landing at the toe of Italy and a combined American–British force landing at Salerno near Naples, obliged the Germans to choose between committing substantial forces to the defense of Italy or simply abandoning it. They decided on the former, so that henceforth two whole German armies were committed to the fighting there, unable either to shore up the retreating German army on the Eastern front or to reinforce German forces in France and Belgium needed to ward off any Allied landing there.



The fighting in Italy pitted two Allied armies against two German ones, with Allied control of the air off-setting the terrain which favoured the defence. In bitter fighting, the Allies pushed up the peninsula. While the effort to break what looked like a slowly moving deadlock by a landing on the coast south of Rome at Anzio in January 1944 did not have the desired result, the Allies did seize the Foggia peninsula, which provided, as anticipated, airfields from which bombers could reach important targets in German controlled or allied parts of central and southeastern Europe. Just as the Soviets planned for a big push in the summer of 1944, so the Western Allies anticipated launching a major new offensive in Italy at about the same time.

## The war in the Pacific 1942–43

In the months when the Allies were halting and then pushing back the Axis powers in north Africa and Europe, they were engaged in very similar operations in the Pacific and east Asia. After their major defensive naval victory at Midway, the Americans in early August 1942 launched an offensive into the Solomon Islands where the construction of a Japanese airfield on Guadalcanal threatened American sea communications with Australia. The Japanese adopted by choice the procedure that the situation of their just developing substantial forces obliged the Americans to follow: dribbling in reinforcements. The result was a six-months-long battle of attrition that the Americans won; the Japanese evacuated the remnant of their units on Guadalcanal in February 1943. While the Americans could replace their losses and actually increased their forces in the Pacific, the Japanese were in no position to do so. As the battles on, over, and around Guadalcanal went forward, the American and Australian forces on New Guinea were pushing the Japanese back across the Kokoda trail and then carried out a series of landings on the island's northern coast.



The Americans now looked to a strategy of defeating Japan by a double thrust in the Pacific aided by two additional offensives in east Asia. In the southwest Pacific a series of landing operations led by General Douglas MacArthur would move through the islands the Japanese had occupied in their initial offensive until the Philippines were reached as a basis for the attack on the Japanese home islands. In the Central Pacific, naval operations with marines and army units under Admiral Chester Nimitz would, after reclaiming the two Aleutian islands the Japanese had seized, strike through the island groups that the Japanese had seized from the British and the ones mandated to them after the prior war, head for either the Philippines or Taiwan, and then strike at Japan. It was hoped that a third offensive could be launched from China, which was much closer to the Japanese home islands, and that a Soviet assault from the north after victory over Germany would keep Japanese forces in China busy and threaten the home islands from an additional direction.

As fighting had been under way in China since 1937, it may be helpful to turn to that theatre now. The Japanese army in China periodically launched local offensives into areas still under the control of the Nationalist government, but the latter continued to fight back. The United States supported a small unit of fighter planes in China and hoped to add bombers that could reach the Japanese home islands. The efforts to work with the British to clear northern Burma of the Japanese had as a major purpose not only increasing supplies to the Nationalists but also to make possible the deployment of bombers. Until a new connecting road could be built or the original one cut by the Japanese reopened, an airlift operation across the Himalayas from the Assam province of northeast India, called 'The Hump', delivered some supplies.

Three elements combined to lead the Japanese to launch two major offensives in the summer of 1944. The development of air bases in China from which American long-range bombers could reach Japan, the increase in the air supply route from Assam, and the increasing successes of Allied submarines in sinking Japanese shipping led to the decision to launch the 'Ichigo' offensive in China to seize the new airfields and simultaneously open a railway connection into the Japanese holdings in southeast Asia, now isolated by the Allied sinking of many Japanese merchant ships. Furthermore, a major offensive into Assam from Burma would cut the air supply route and might also produce an uprising in India. The offensive in China was entirely successful. In the long run, it helped pave the way for the communist victory there in the later civil war; in the short run it effectively ended both the bombing of Japan from China and the thought of an invasion of the home islands from China. The invasion of India's Assam province ended in the Japanese army's greatest defeat of the war as the British–Indian army crushed them in the battle of Imphal-Kohima and thereafter initiated the clearing out of the Japanese from central and southern Burma.

In the southwest Pacific, American forces with some Australian assistance pushed back the Japanese with a series of landings in the Solomon and Admiralty islands, and on the north coast of New Guinea. By the summer of 1944, these had reached a point where the remaining Japanese holdings and bases were effectively isolated as the Americans prepared for an assault on the Philippines. In the central Pacific theatre, another series of landings, starting with one on Tarawa in the Gilbert Islands, had moved towards the Marianas, where the first landing, that on Saipan, took place in June 1944. On this route also Japanese forces and bases were left behind and its navy decimated. The submarine campaign against Japanese shipping—now effective because of breaks into Japanese codes and the use of torpedoes that worked—made it increasingly difficult for Japan to draw on the resources of lands seized in the winter of 1941–2.



## Resistance in occupied areas and the policies of neutrals as the tide turns

The clear signs in all theatres of war that the Allies had turned the war around served to encourage resistance movements in territories that the Germans, Italians, and Japanese had occupied earlier and were still holding. This was true in Western and Southeastern Europe as well as in Denmark and Norway. There, as in the Philippines, Dutch East Indies, and other areas still held by the Japanese, the horrendous conduct of the occupation forces contributed to increasing resistance. The Allies often had contact with the resistance movements and provided them with weapons. The shift by the British government regarding the situation in Yugoslavia from supporting the royalist Chetniks to supporting the communist partisans contributed to the victory of the latter in the civil war and to the postwar move to independence from the Soviet Union by their leader Tito.

The obvious shift in the war also affected the conduct of those few countries that were still neutral. Turkey reduced chrome deliveries to Germany and declared war on it in February 1945. Portugal objected less vehemently to Allied use of the Azores in the Battle of the Atlantic, and Spain reduced its forces fighting alongside Germany on the Eastern front. Sweden slowly shifted from assisting Germany, and only Switzerland continued to help the Germans economically into the last weeks of the war.

An important factor in the shift of the war was the willingness of the Allies to at least try to coordinate their efforts. At conferences and by diplomatic and military missions, they did this even though there were frequent arguments and differences. Conferences in Moscow, Cairo, and Teheran in 1943 symbolized this procedure publicly, but the Americans and British in particular learned to work together effectively. The Germans, Italians, and Japanese, on the other hand, never tried to coordinate strategy or to keep one another informed. While the Allies at times even shared secret intelligence, the Axis powers did nothing of the sort.

# Chapter 7
# Developments on the home front and in technical and medical fields

## Germany

The impact of the war on the home fronts of the aggressors was dramatic. Rationing began in Germany in late August 1939. For much of the war, rations in Germany were the highest in Europe, and in the first years were supplemented by millions of packages sent home by soldiers from lands occupied by the German army. These packages included both goods stolen in huge quantities and those bought with deliberately undervalued currencies. This situation deteriorated in the years of 1943–5 as the German army retreated and Allied bombing disrupted the transportation system. A substantial part of Germany's housing was destroyed or damaged by bombing and, in the last seven months, by fighting inside the country. There was also less clothing, furniture, and other items stolen from murdered Jews and those in the occupied countries to distribute to bombed out Germans by the National Socialist Welfare Organization. On the other hand, top Nazis, Hitler, Göring, and Alfred Rosenberg, devoted much time and effort to looting art all over Europe.

The programmes of compulsory sterilization of those thought likely to have defective offspring and special awards and medals for those having the 'right' kind of children in large numbers that had been instituted in 1933 continued without serious objections into the last weeks of the war. The project initiated in 1939 to kill all the seriously disabled, mentally and physically, and others in nursing homes and old folks' homes drew some objections from the Christian churches. Since the victims had relatives in the 'Aryan' populations, the regime, whose leaders believed Germany had not been defeated in World War I but had been stabbed in the back by troubles at home, changed the procedure to calm the uproar. In August 1941, the killing was officially ordered to stop, but in reality it continued in a decentralized manner until occupation authorities forcibly halted it. The process of decentralized killing freed those active in the centres where people had been murdered for transfer to new institutions in occupied Poland created for the systematic killing of Jews.

Germany was covered by camps and sub-camps in which prisoners of war, kidnapped slave labourers, and any thought to be opposed to the regime were held and from which they were, literally by the millions, taken to work alongside Germans who had not been drafted. German society was affected by the continuation of the police system established earlier and the universal knowledge of it and by fear of denunciation. Despite over five million German soldiers and several hundred thousand civilians having been killed, the vast majority of Germans supported the regime up until the last weeks of the war.



## Poland

No country was more dramatically changed by the war than Poland. It was divided in 1939 between Germany and the Soviet Union; then the Germans occupied the part allocated to the Soviets; then the Red Army occupied the whole country; and, finally, Poland was moved westwards, yielding its eastern parts to the Soviet Union and acquiring formerly German lands in the west and north. Both the Germans and the Soviets killed large numbers and deported many of the Polish people, but there were basic differences in their policies. The Germans had decided to kill all Jews worldwide, which meant over three million Polish Jews were murdered with only a tiny remnant surviving in hiding or after deportation. The Soviets, on the other hand, simply deported a disproportionately large number of Jews, many of whom died in the process—but because the survivors had been deported to central Asia they were then placed out of German reach. The Germans had planned to eliminate the Christian population of Poland entirely, starting with the intelligentsia and clergy, and continuing with the rest, through forced labour, mass sterilization, and killing. About three million Polish Christians became victims of this policy before the Germans were driven out. The area was eventually to be inhabited only by Germanic settlers. The Soviet Union, on the other hand, just wanted to turn all Poles, whether Christian or Jewish, into good Stalinist communists—however, they did not care how many hundreds of thousands were killed or deported in the process. They initiated this process during 1939–41, and resumed it after driving out the Germans in 1944–5.



There were both nationalist and communist resistance movements inside Poland when occupied, although the nationalist movement was crushed in the immediate postwar years. The fighting across the country in repeated waves left much of it in ruins, with the capital Warsaw systematically devastated by the Germans after a major uprising in the summer of 1944. Ironically, because of the rapid advance of the Red Army in the winter of 1944–5, some of the area in the north and west acquired by Poland was less devastated as the local German population was driven out and Poles, primarily from the eastern lands that had been turned over to the Soviet Union, settled there. In the new western territory several cities had also been devastated during the fighting, but the rural areas had not. After the war many Poles who had fled from the German or Soviet occupation refused to return because they did not want to live under the communist regime being installed there. The friction between Poles and Ukrainians continued during and after the war and included violence at the time and the forced resettlement of many Ukrainians after the war.

## Denmark and Norway

If Poland was the country most changed by the war, Denmark was the least so. The government surrendered in 1940, but remained in administrative control of the country until August 1943; it survived, in part, the German assumption of more direct authority at that time, and saw the country liberated without fighting due to German surrender. There were, however, some arrests and a slowly increasing resistance. While the country's farm products helped feed Germany, the Danish people saved almost all Jews in Denmark by shipping them to Sweden or hiding them when the Germans decided to kill them in 1943. The Danish union with Iceland ended during the conflict. The latter and Greenland were effectively on the Allied side and neither saw significant hostilities.

The situation for Norway was fundamentally different from that of Denmark. There was fighting in 1940, which produced some destruction and, in the last months of the war, the retreating Germans in the northeastern portion of the country deliberately destroyed all buildings and facilities. Commando raids and local resistance caused damage at some localities; and with Norwegian shipping joining the Allies, many of their ships were sunk during the war. There was, however, little destruction of the main cities. Trondheim had been scheduled to become a major German city, grandiose plans that were ended by Allied victory. Internally there were controversies that left problems for after the war. The former minister, Vidkun Quisling, gave his name to the form of treason his support of the German invaders symbolized. He was executed after a postwar trial, and it represented one way of dealing with collaboration. Other victims of the war included many members of the resistance, who had been shot by the Germans, and a majority of the country's Jews, who had been killed when the second in command in the German foreign ministry, the state secretary Ernst von Weizsäcker, had waved off a Swedish offer to accept them. The bulk of Norwegian territory was, however, surrendered undamaged in 1945 by the substantial German force that had been stationed there at Hitler's orders to ward off an anticipated Allied invasion.

## Holland, Belgium, Luxembourg, and France

Holland was the scene of fighting and bombing in 1940 and again in 1944–5. The Germans in some places had opened the dykes in 1944 to flood certain areas, and there was starvation in the winter of 1944–5. Resistance activity had led to extensive shooting of hostages, and most Jews had been carted off to killing centres. While the Dutch West Indies proved to be safe from both Japanese and Germans, the East Indies was occupied by the Japanese. There aspirations for independence had been stimulated by the disruption of prior colonial administration and liberation by American and Australian forces, and this meant that Dutch rule would end soon after its nominal restoration in 1945. The government in exile returned and had to face a society harshly affected by the conflict, especially during its last months.



Belgium had also been the site of serious fighting in 1940 and 1944–5, especially because of the German December 1944 Ardennes Offensive, known as the Battle of the Bulge, and this resulted in substantial destruction at some points. During the occupation, the Germans had shot many resisters, real or imagined, and had also slaughtered villagers in their final push. The fact that the king, unlike the queen of Holland, had remained behind created problems for the returning government-in-exile. Occupation had increased friction between the Walloon and Flemish elements in the population, and most of the country's Jews had been killed. It would take the country years to recover, and its internal frictions continued.

Luxembourg was quickly occupied in 1940 and annexed to Germany. There were various moves during the occupation to Germanize the area, and there was some fighting in the winter of

1944–5, but the physical damage was slight. The Grand Duchess, who had left, returned to the country as it regained independence.

The internal situation of France was extraordinarily complicated, and this affected both the immediate impact of war and the arguments, memories, and policies of the country afterwards. The fighting in May–June 1940 caused some damage, but nothing like that in the prior conflict. The Germans occupied the majority of the country, and in November 1942 occupied the rest. Large numbers of hostages had been shot, so had many real or imagined resisters, and numerous communities had been levelled to the ground. A portion of the Jewish population had been taken to killing centres, but the majority survived partly because of objections from French clergy and families who hid them and primarily because the Allied invasions of 1944 halted the deportation programme then under way. Those invasions and the bombing that preceded and accompanied them caused very substantial casualties among the civilian population and heavy damage, especially in the north and northeast of the country.

The Vichy regime installed in the unoccupied part of France tried to reverse all changes in the country since 1789 and left behind arguments, myths, and memories to agitate the country's public sphere for the next century. There was a rash of summary executions for real or imagined collaborators in 1944–5 and some trials of alleged collaborators afterwards. The resistance left behind its own myths for postwar debates. The vast French colonial empire, which had been divided between allegiance to Vichy and allegiance to the Free French leader de Gaulle, had been fought over in many cases, and was stirring with anti-colonial movements by the end of the war. Although France had a large agricultural part of the economy, there had been hunger in cities. The deported forced labourers for the most part returned home in 1945, while tens of thousands of German prisoners of war were retained in France as a new group of forced labourers to assist on farms and in reconstruction. The swift defeat of 1940 had been a major blow to the country's pride, and General de Gaulle did his best and his worst to revive it. His attempt to annex a piece of northwest Italy was thwarted by President Truman, but France did receive zones of occupation in Germany and Austria as well as sectors in Berlin and Vienna, had full control of the Saar area, held a seat on the Control Council for Germany, and was accorded a permanent seat on the Council of the United Nations organization.

## Great Britain and its Commonwealth and Empire

Whatever divisions there had been in Britain before the war and during its first months disappeared in the spring and summer of 1940. The public rallied in the face of substantial civilian casualties from bombing, much destruction of cities, and rationing that lasted for a decade after victory. The series of calamitous defeats first at the hands of the Germans and subsequently the Japanese with the accompanying casualties shook the public but did not lead to a change of government between May 1940 and July 1945. As in France, military casualties were small compared with those of World War I. The government interned and subsequently released some Nazi sympathizers and a large number of refugees from Nazi Germany, having sent some of the latter to Canada and Australia. The death and destruction caused by the German V-1 and V-2 weapons in 1944–5 had tried the nerves of a population that had already suffered greatly, but since by then victory was in sight, the general effect was never what Hitler had hoped for. The people met what they called an 'American occupation' of hundreds of thousands of American servicemen with a mixture of joy and resentment, referring to them as 'over-paid, over-sexed, and over here'.

There would continue to be major restrictions on the life of the population, but the country's future was more substantially affected by two other effects of the war. The memory of the depressed situation of the country during the inter-war years and the hopes for a less class-divided and more economically egalitarian country led to a political landslide in the July 1945 election that brought the Labour Party to power. In international affairs, the exertions of Britain in World War II left it with nominal Great Power status but in reality it had been quite substantially weakened. The country's dominions not only asserted greater independence in diplomatic affairs but, especially in the case of Australia and New Zealand, had come to look instead to the United States for their security. The colonial empire was in turmoil, with the largest unit, India, clearly on the way to independence, and others in both Asia and Africa stirring in a similar direction. The two world wars had ended Britain's role as the world's super-power.

## Italy

It had been difficult for Mussolini to explain to the Italian people why they should go to war again. Military defeat in east and north Africa as well as Greece followed by disastrous losses in early 1943 on the Eastern front dissolved practically all the public support the fascist system had ever held. The German decisions to assist Italy were resented rather than appreciated and had the critical result that from July 1943 to May 1945 the country was the scene of very destructive fighting. The loss of its colonial empire relieved the state of substantial expenses and thus contributed to the country's postwar economic recovery; but the main impacts of the war were a turn away from the monarchy that had united the country in the preceding century, the loss of some territory to Yugoslavia, and bitter memories of human and material losses along with residues from something approaching civil war in the conflict's last year.

## The Soviet Union

The Soviet Union had been transformed by the war. Over 25 million of its people had been killed or had died from hunger and disease, while several million members of national minorities had been forced to move because of real or alleged inclinations to collaborate with the invader. Liberated prisoners of war and slave labourers were punished rather than welcomed home. Thousands of communities had been destroyed. On the other hand, the regime had acquired legitimacy in the eyes of the vast majority of the population for the first time, as the horrors of German occupation and prisoner of war policy had transformed Stalin from being a feared and hated dictator into the benign saviour of his people from a fate too terrible to contemplate. Although there was great damage to the economy in the western parts of the country, the evacuated and newly built factories in the Urals area and in central Asia continued to operate. What temporary relaxation the regime had allowed during the conflict in order to rally the population would be reversed rather than expanded, but this was off-set for many in the country by the state's new status in international affairs. There was pride in the role of the country in the great trial of war in spite of its enormous cost. Those in positions of authority at all levels could feel some satisfaction from the reversal of the results from Russia's fate in the prior war: it had gained, not lost territory, and it dominated Eastern and Southeastern Europe instead of losing all influence over its European neighbours. It had also regained some territory in east Asia that had been lost to Japan in 1905, but few in the country knew or cared about that.



## Japan

The Japanese home front was severely strained by their eight years of war. The steady human toll that increased with bombing in 1944–5 became more difficult to bear as the increasingly effective Allied submarine campaign reduced supplies for the country's industry. The population became weary, but remained supportive of a regime that in 1942 had held elections in which some candidates not endorsed by the government had won seats in the Diet. The decision of the government to surrender spared the country millions of casualties, further bombing, destructive fighting in the home islands accompanied by the dropping of additional atomic bombs, and subsequent division into occupation zones and sectors. Those who had advised the emperor to order surrender may have been influenced by fear of a domestic political upheaval as deprivation and suffering became ever greater, but whatever the reason, the surrender implied a continuation of national unity under an American supreme commander. There was a British as well as an American occupation force, but the population quickly realized that these soldiers were more likely to assist than to bother them. The seizure by the Soviet Union of some small islands off the coast of Hokkaido and the deportation of their population remains a source of territorial dispute, but it affected only a tiny portion of a population relieved by the end of hostilities. Under a system modified primarily under American auspices, the country acquired a new constitution, independent trade unions, land reform, female suffrage, and a slowly rebounding economy.

## China

China was both economically and politically transformed by the war's impact. The total human losses are not known but were most likely to number at least 15 million. There had been much destruction, but there had also been some new industrial development in the occupied and unoccupied portions of the country. The Soviets stripped much of the industry the Japanese had developed in Manchuria since seizing it in 1931, but the main impact of the years of fighting was that it aborted the effort of the Nationalist Party of Chiang Kai-shek to reconsolidate a state that had fallen into disarray early in the 20th century. As already mentioned, the main long-term effect of Japanese military operations, especially the 1944 Ichigo Offensive, was to enable the Chinese communists to win the civil war that soon followed the end of fighting between Japan and China. The unwillingness of postwar Japan to face up to its horrendous record of murder, rape, and devastation left in China, as well as elsewhere in east and southeast Asia, a heritage of hatred that has precluded the kind of reconciliation of peoples that a different policy and attitude on the part of postwar Germany has brought to Europe.

## The United States

In the United States there was practically none of the division that had existed earlier and during World War I. The Japanese attack had ensured that local disputes, some rationing, efforts of the government at price control, and occasional strikes and lockouts never affected a general determination to see the war to a victorious conclusion. Bond drives, blood drives, and the collection of scrap metal and other items were readily accepted. The temporary incarceration of Japanese-Americans living in some American states, in order to conceal intelligence from the breaking of Japanese codes from any disloyal Japanese-Americans, created hardships for the victims and regrets in American society afterwards. The mid-term election of 1942 increased the strength of the Republican opposition, but President Roosevelt won a fourth term in the 1944 election so that a Democrat, Harry Truman, succeeded him on his death in April 1945. Three major long-term effects of wartime events must be noted. The deliberate effort of Roosevelt to accustom the public to a different role in the postwar world was successful; there would be no rejection of the peace settlement and international organization as there had been after World War I. Decisions made during the war to locate training camps and facilities as well as shipping construction in the southern, southwestern, and western portions of the country for reasons of climate and local geography produced a shifting of population distribution and the ensuing allocation of political power. Finally, there were significant changes set in motion in the status of women and of African-Americans.



## Central and South America, neutrals, and technical developments

The countries of Central and South America had joined the Allies, with the exception of Argentina. Brazil and Mexico sent small contingents to fight, but otherwise their main role was to provide supplies and ships while denying these to the Axis powers. Some residents of German background were sent to the United States for internment, but there was relatively little domestic upheaval in these countries. At the end of the war, several of them received substantial numbers of German and Croatian war criminals escaping from possible trials, generally with the assistance of the Red Cross and members of the Vatican.

The European neutrals to a considerable degree had profited from the war by selling goods to both sides at high prices. Sweden had also allowed the transit of German soldiers, and Switzerland had been deeply involved in Nazi looting and financial operations. However, only Spain had sent a substantial number of soldiers to fight on Germany's side, but the survivors returned to a country still recovering from a bitter civil war.

In all major belligerents there had been significant developments in military technology and also medical practices applied during the war, which was of considerable postwar importance. New tanks, planes, warships, and artillery pieces had been built and utilized. Radar, jet airplanes, ballistic missiles, and nuclear weapons had been the most dramatic innovations employed during hostilities and developed further thereafter. The most extreme attempt at destruction, thousands of balloons carrying incendiaries, with which the Japanese had hoped to destroy the western parts of the United States and Canada, actually caused minimal casualties and destruction. Large-scale use of blood transfusions and the appearance of new drugs like penicillin had saved the lives of thousands of wounded and became standard elements of postwar medicine. So while the material destruction of the conflict had been immense, there were also some beneficial aspects to wartime developments.

# Chapter 8
# Allied victory, 1944–5

## The Axis

By the spring of 1944, the German aim of world conquest was clearly no longer within reach. Hitler and those close to him hoped that either the alliance forged by those fighting against the Axis would fall apart or that a defeat of an Allied invasion in the West, which they expected to occur that year, would enable Germany to move large forces from the West to the Eastern front to crush a Red Army which had suffered very heavy casualties in prior fighting. At the same time, Germany planned to continue its high priority programme of slaughtering all Jews within its reach, whatever effect this might have on the conduct of military operations.

In Italy, the government that succeeded Mussolini and had surrendered to the Allies saw itself installed under Allied supervision in the south of the country. It recruited some troops to fight alongside the Allies, but could only watch as more of the country was devastated by the fighting and a puppet regime under Mussolini was established by the Germans in northern Italy where partisans fought the Germans and each other. The Japanese government had once received Germany's agreement to divide Asia at the 70th degree longitude, but even the success of the Ichigo offensive in the summer of 1944 could not offset defeats in India, the Marianas, and the southwest Pacific, or the increasing shipping losses on the sea lanes from southeast Asia. Fighting on as fiercely as possible appeared to be the only option.

## The Allies

The Western Allies intended to fight until the Axis powers surrendered unconditionally. This time there would be no pretence that the defeated had not actually been defeated as the Germans had argued had been the case after World War I. The American government leaders were also determined that their country would not abandon the world as they had done after World War I but that instead its people would become engaged in an international organization. The Soviet regime's full ambitions cannot be described accurately until the presidential archive in Moscow is opened (hopefully before the paper it is recorded on has deteriorated beyond recall), but some points are clear. The regime was planning to extend its rule and beyond that its influence as far into Europe as possible. It was to join an international organization in the hope of thereby precluding a renewed invasion by a resurgent Germany although it had earlier been ejected from the League of Nations. One must recall that all leaders of the time were strongly influenced by the fact that a defeated Germany had nonetheless made a second bid for world domination after a mere 20 years, and they therefore focused attention and plans on preventing a further repetition of that experience.



The Allies had essentially agreed at their conference in Teheran in Iran that they would carry out 1944 offensives on all major fronts in Europe, specifically including an invasion across the Channel to be supported by an invasion on the Mediterranean coast of France. In spite of continued doubts by Churchill, the plans for 'Overlord', the cross-Channel invasion, went forward; and in the face of even stronger British objections, so did plans for the French Riviera landing, code-named first 'Anvil' and later 'Dragoon'. The correct assumption of the Allies was that essentially simultaneous major offensives in Italy, France, and on the Eastern front would prevent Germany from shifting forces from any portion of Europe to ward off offensives elsewhere. Furthermore, successful deception operations in the West kept German troops waiting in the Calais area and in Norway for landings that never occurred, while Soviet deception kept German reserves awaiting a Soviet offensive against German Army Group North Ukraine when the big blow was to hit Army Group Centre.

Chronologically, first the Allies launched a major offensive in Italy on 11 May. American and British troops ground their way through the German defences and joined with those who had landed in January at Anzio. Contrary to plans and good sense, American commander General Mark Clark raced for Rome instead of cutting off a large part of the German force. Rome was liberated on 4 June, but the Allies had to slog their way north to clear north-central Italy. The offensive in Italy nevertheless prevented the Germans from moving troops to other fronts threatened soon after and enabled the Allies to employ some units hitherto based in Italy for the landing in southern France.



On 6 June, British, American, and Canadian forces landed on five beaches of Normandy, an operation made possible by their prior victory in the air and on the oceans. Determined German resistance slowed their uniting the bridgeheads and breaking into the interior of France, but in the last week of July the Americans broke through at the western end of the Normandy front and pushed rapidly into the French interior as well as into Brittany (Map 12). An attempt on 20 July by German opponents of Hitler to kill the dictator failed, and, with only one exception, all German higher commanders rallied to the leader who had bribed them, rather than to General Ludwig Beck, leader of the military opposition and former chief of the general staff. In mid-August American and French armies landed on the French Mediterranean coast and pushed north after seizing the key ports of Toulon and Marseille that then became critical for the Allied supply situation. Paris was liberated by the drive from Normandy, and soon after the

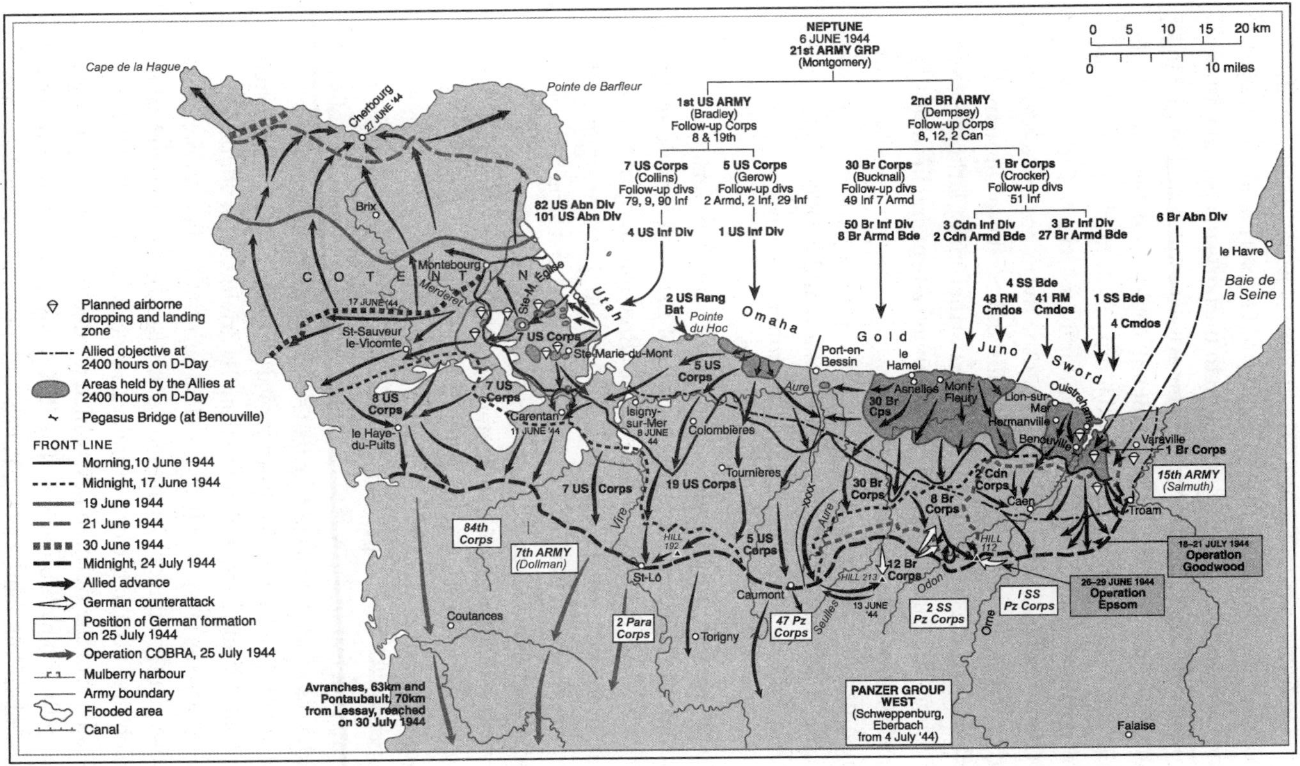
NEPTUNE
6 JUNE 1944
21st ARMY GRP
(Montgomery)
1st US ARMY
(Bradley)
Follow-up Corps
8 & 19th
2nd BR ARMY
(Dempsey)
Follow-up Corps
8, 12, 2 Can
7 US Corps
(Collins)
Follow-up divs
79, 9, 90 Inf
5 US Corps
(Gerow)
Follow-up divs
2 Armd, 2 Inf, 29 Inf
30 Br Corps
(Bucknall)
Follow-up divs
49 Inf 7 Armd
1 Br Corps
(Crocker)
Follow-up divs
51 Inf
82 US Abn Div
101 US Abn Div
4 US Inf Div
1 US Inf Div
50 Br Inf Div
8 Br Armd Bde
3 Cdn Inf Div
2 Cdn Armd Bde
3 Br Inf Div
27 Br Armd Bde
6 Br Abn Div
4 SS Bde
48 RM Cmdos
41 RM Cmdos
1 SS Bde
4 Cmdos
2 US Rang Bat
0 5 10 15 20 km
0 10 miles
Cape de la Hague
Pointe de Barfleur
Cherbourg
27 JUNE '44
Brix
Montebourg
COTENTIN
Merderet
Ste-M. Eglise
17 JUNE '44
St-Sauveur le-Vicomte
7 US Corps
Ste-Marie-du-Mont
Utah
Pointe du Hoc
Omaha
Gold
Juno
Sword
le Havre
Baie de la Seine
Port-en-Bessin
le Hamel
Asnelles
Mont-Fleury
30 Br Cps
Lion-sur-Mer
Ouistreham
Hermanville
Benouville
Varaville
1 Br Corps
15th ARMY
(Salmuth)
Troam
Caen
2 Cdn Corps
8 Br Corps
30 Br Corps
12 Br Corps
HILL 112
HILL 213
18–21 JULY 1944
Operation Goodwood
26–29 JUNE 1944
Operation Epsom
I SS Pz Corps
2 SS Pz Corps
Orne
Odon
13 JUNE '44
Seulles
Aure
5 US Corps
Isigny-sur-Mer
8 JUNE 44
Colombières
Tournières
19 US Corps
5 US Corps
HILL 192
St-Lô
Caumont
47 Pz Corps
Torigny
2 Para Corps
Vire
7 US Corps
Carentan
11 JUNE '44
7 US Corps
8 US Corps
le Haye-du-Puits
84th Corps
7th ARMY
(Dollman)
Coutances
Avranches, 63km and Pontaubault, 70km from Lessay, reached on 30 July 1944
PANZER GROUP WEST
(Schweppenburg, Eberbach from 4 July '44)
Falaise
Planned airborne dropping and landing zone
Allied objective at 2400 hours on D-Day
Areas held by the Allies at 2400 hours on D-Day
Pegasus Bridge (at Benouville)
FRONT LINE
Morning, 10 June 1944
Midnight, 17 June 1944
19 June 1944
21 June 1944
30 June 1944
Midnight, 24 July 1944
Allied advance
German counterattack
Position of German formation on 25 July 1944
Operation COBRA, 25 July 1944
Mulberry harbour
Army boundary
Flooded area
Canal

12. Overlord

two landing forces met. The German effort at a major counter-attack to cut off the American force breaking out of Normandy had failed, and the wrecking and/or holding on to the ports to keep the Allies from supplying and reinforcing their armies contributed to slowing Allied offensives in the autumn but still could not defeat them. The September attempt of the Allies to jump the Rhine River barrier at the northern end of the front by combining a series of three airborne assaults to seize bridges over the river's branches and drive across them into the Netherlands and northern Germany failed when the Germans crushed the northernmost airborne division. The Allies nevertheless continued advancing in some sectors, and the first important German city, Aachen, was taken by the Americans on 21 October. German reinforcements and pre-war fortifications near the German border slowed the Allies while the Germans secretly prepared a major counter-offensive.



On the Eastern front, the Red Army had cleared the Germans out of most of the Ukraine in the first months of 1944 and also retook the Crimea in April. A major offensive into Romania in April and May was, however, turned back by the Germans in their last significant tactical victory in the East. In June the Soviets first struck at Finland and in a series of offensives forced Finland to sue for an armistice that was signed in September. Because of a German operation, the Finns ended up fighting their former allies. The main carefully prepared Soviet offensive struck German Army Group Centre on 22 June. Operation 'Bagration' produced Germany's greatest defeat of the war as the whole Army Group was demolished with tens of thousands of German soldiers becoming prisoners (Map 13). The Red Army drove forward rapidly and cut off German units at the northern end of the front by driving to the Baltic Sea. The Germans temporarily reopened a corridor to their troops, but subsequently a major German force was isolated in western Latvia which they held to the end of the war, ordered to do so by Hitler on the advice of the German navy which needed to control the Baltic to run in their new submarines. The Red Army in the centre drove into Poland but halted as the Polish underground rose in Warsaw.

**13. German–Soviet War 1943–44**

The bridgeheads across the Vistula and Narew rivers secured by the Red Army would be utilized for their subsequent winter offensive. In the meantime, a successful drive into Romania was met by Romania switching sides in late August, thereby facilitating Soviet occupation of Bulgaria and launching an offensive into Hungary. As the latter had attempted to find a way out of the war, it had been occupied by German troops in March 1944. This gave the Germans a temporary opportunity to kill a substantial part of Hungary's large Jewish community, but then obliged them to try to defend the country against the Red Army.

## Winter 1944–45 in Europe

In mid-December the Germans launched their last reserves against the Americans in the Ardennes, hoping to retake the important port of Antwerp, drive the United States out of the European war as its home front collapsed under the impact of a major defeat, achieve a similar effect on the British, and thereby free massive forces for the Eastern front. The offensive surprised and temporarily pushed back the Americans in what became known as the Battle of the Bulge, but turned into a major defeat as the Americans held and the Germans lost heavily in soldiers and equipment. In February the Western Allies resumed major offensives, and since the Germans had committed and lost much of their forces on the left bank of the Rhine river, the Allies soon crossed that last potential barrier and drove into Germany.

The Soviets had resumed their offensives at the central part of the frontline and in Hungary in January. They drove into Germany and Austria, and in spite of German counter-attacks in both places they surrounded Berlin in April while meeting the Americans at Torgau south of that city. The German forces in Italy surrendered in early May. Admiral Dönitz, who succeeded Hitler on 30 April upon the latter's suicide, ordered a general unconditional surrender on 8 May. With minimal exceptions, all German land, sea, and air units followed the surrender directive.

## Allied offensives in east Asia and the Pacific

In the war in east Asia and the Pacific, the British completed the reconquest of Burma and prepared for a landing on the coast of Malaya (Operation Zipper) scheduled for September 1945. The American successful landings in the Marianas, the northwest coast of New Guinea, the island Morotai, and the Palau islands prepared the way for the landing on Leyte in the central Philippines in October 1944 (Map 14). Bitter and lengthy fighting on that island followed, as did a major naval battle as the Japanese tried desperately to defeat the landing and the American naval force supporting it. Though slowed by the reinforced Japanese, the Americans took Leyte only to discover that it was not appropriate for the air bases that were needed to support the planned invasion of Luzon, and a landing on Mindoro in mid-December had to follow. The naval battle came to be a major American victory in which the extraordinary bravery of American escort carriers and destroyers combined with a misreading of the situation by Japanese naval commander Kurita Takeo—who thought that he was facing the main American fleet—offset the decision of American Admiral William Halsey to chase after a Japanese decoy fleet instead of protecting the landing force. By a supreme irony, in the portion of the naval battle fought in Surigao Strait, most of the American battleships used had been among those that the Japanese had imagined they had 'sunk' in Pearl Harbor on 7 December 1941, but which had in fact been raised, repaired, and returned to service.

The American invasion of the northern island of Luzon began in January 1945, and it led to the bitterly fought liberation of Manila, where the Japanese forces murdered and raped thousands in March 1945, as they had done in Singapore in February 1942—under the same commander, Yamashita Tomoyuki. The latter, with a substantial force, continued to hold a portion of northern Luzon up until the Japanese surrender, while the Americans undertook a series of landings on other islands in the central and southern Philippines.

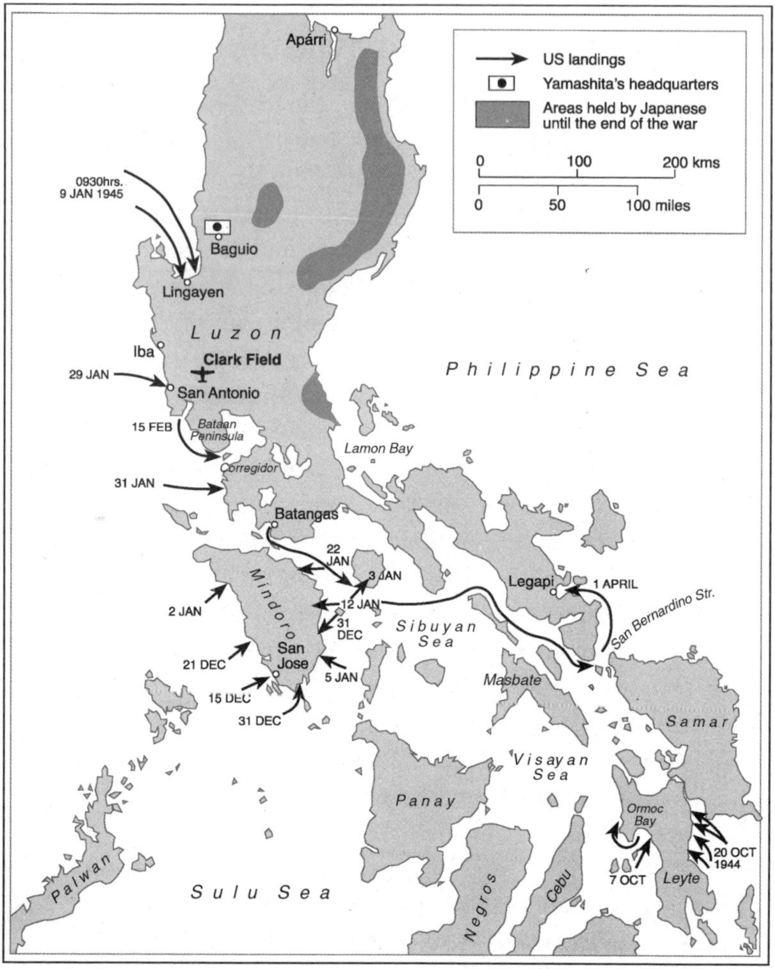


**14. Philippines campaign 1944–45**

It was during the campaign in the Philippines that the Japanese initiated the employment of suicide airplanes called *kamikaze*. These tried to dive into American ships and caused serious damage to many of them. The subsequent employment of small suicide planes held from above by larger planes that carried them to their release point proved much less effective. The Japanese also developed and increasingly utilized suicide submarines (*kaiten*) and other forms of suicide ships, but again with little effect. The employment of thousands of incendiary balloons, mentioned earlier, sent across the Pacific Ocean to set fire to the forests and cities of western Canada and the United States was the most destructive concept of any country in the war but had the least impact in practice.

In February 1945, American Marines landed on Iwo Jima in the Bonin Islands between the Philippines and the Japanese home islands where the Japanese had several airfields. A bitter and costly campaign brought the island under American control. To secure a major base for the planned invasions of the Japanese home islands, the Americans formed a new army and landed on Okinawa, the largest island in the Ryukyu chain, on 1 April 1945 (Map 15). By that time, the British were able to play a substantial role in the Pacific War and contributed a portion of the covering fleet for what became the bloodiest battle for both the American army and navy in the war against Japan. The fighting, primarily on the southern portion of the island, lasted for over three months, but the island was eventually completely taken, its important airfields actually having been seized in the first days.



During the fighting on Okinawa, Australian and American forces initiated operations against the Japanese on islands they had conquered in the Dutch East Indies. In a series of landings on Borneo in May to July 1945, much of that island with its important oil wells was taken, and a landing on Java was planned for September. Substantial Japanese forces remained in much of the Indies until their surrender in September.

## The final defeat of Japan

The plans for ending the war against Japan, 'Operation Downfall', included landings on the southern island of Kyushu in November 1945, 'Operation Olympic', to provide bases for landings in and near Tokyo Bay, 'Operation Coronet', in March 1946. In both

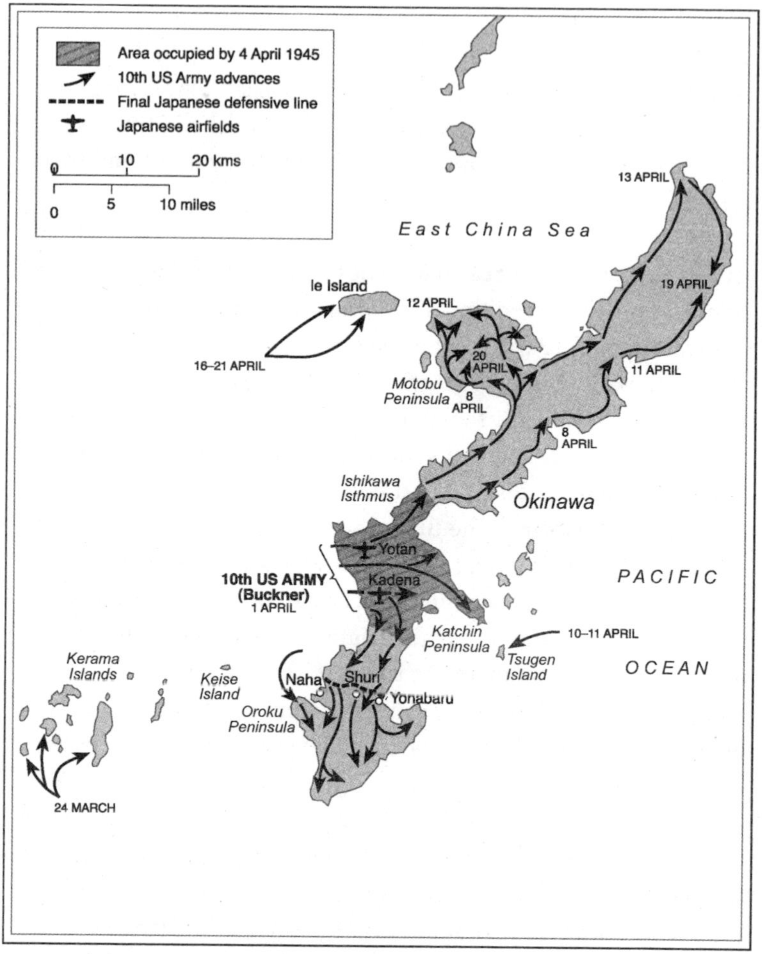


**15. The Okinawa campaign 1945**

operations, the initial force would be American, and in 'Coronet' British Commonwealth and French divisions would be included in the follow-up. The expectation of an attack from China and Formosa/Taiwan had been obviated by the Japanese 'Ichigo' offensive, but major assistance was expected from Soviet armies attacking and thus tying down Japanese forces in Manchuria, Korea, and China as well as attacking and bombing the home islands from the north. A major concern was that after occupation of the home islands, the Japanese troops, numbering over a million, in east and southeast Asia and on islands and portions of islands in the Pacific would continue to fight until death, which the Allies would have to inflict in 'Post-Coronet Operations'. Unlike the fighting in Europe and north Africa, the fighting against Japan had led to only tiny numbers of individual Japanese soldiers surrendering—mostly when wounded or when they were in fact forcibly recruited local inhabitants—and no whole units ever did surrender as had been seen in Stalingrad and Tunisia.

The Allies called upon the Japanese government to surrender in July 1945, from Potsdam—a deliberate choice of timing and location. When this demand and similar advice from Japanese diplomats of which the Americans knew from decoded intercepts were 'unanimously rejected' by the governing council in Tokyo, the American president Harry Truman in accord with secretary of war Henry Stimson and with the prior agreement of both British and Soviet governments decided to utilize newly available atomic bombs to try to shock the Japanese into surrendering. In what was originally seen as a race with Germany, the Western powers had continued work to develop atomic bombs when they concluded that the Germans were not getting anywhere in this field. The Americans, who planned to use the available atomic bombs in support of 'Olympic', decided to use one, and, if necessary, a second one, on Japanese cities, and if that did not produce a surrender, they would save those becoming available thereafter for 'Olympic'.

The Japanese government not only rejected the Potsdam call to surrender but agreed on a plan to defend against invasions—whose locations they correctly anticipated—assuming that Japanese willingness to accept 20 million casualties would discourage the Allies from their surrender demand. Tokyo tried unsuccessfully to obtain Soviet support for a negotiated end to the war or to have that country switch sides. The leaders in Tokyo were also not moved by massive American air raids, primarily from the

Marianas, which destroyed large parts of major Japanese cities and caused, especially in Tokyo itself, massive casualties. The second atomic bomb led to a split in the governing council. Half, impressed by the fact that one plane dropping one bomb could now accomplish what previously had taken hundreds of planes dropping thousands of bombs, concluded that the Allies could now kill all or almost all in the home islands and did not need to invade. They therefore abandoned the defence plan in favour of surrender. Under these circumstances, Emperor Hirohito, perhaps influenced by advisors concerned about a possible domestic upheaval and the Soviet entrance into the Pacific War, met with the council and personally ordered a surrender.

An attempted coup by those wanting to continue fighting failed when war minister Anami Korechika, torn between his policy preference for fighting on and loyalty to the Emperor, committed suicide rather than join the coup. The Allies made it easier for the Japanese to surrender unconditionally by stating that they could keep the imperial institution if they wanted to do so, although it would now be under Allied control, and by, at British suggestion, allowing designated officials instead of the Emperor to sign the surrender. Hirohito, in turn, sent emissaries, including family members, to Japanese commanders in the field to insist on surrender everywhere. There were no 'Post-Coronet' operations, and Japan was not divided into zones of occupation with Tokyo divided into sectors. American and British Commonwealth troops occupied the country, but the country's government and administration remained in Japanese hands, guided and reformed by directives from the Supreme Commander of the Allied Powers (SCAP), General MacArthur. Tiny numbers of Japanese soldiers held out into the 1970s, but generally the Emperor's surrender order was obeyed.

# Conclusion

When the greatest war in history ended, around 60 million people had been killed, the majority of them civilians. The largest number, over 25 million, was in the Soviet Union, with a figure of at least 15 million in China. There were huge losses in other countries, but none had been ravaged, shoved about, looted, and decimated more than Poland. Massive destruction and economic dislocation characterized much of Europe, east Asia, southeast Asia, and portions of north Africa. The arrival of such new weapons as Germany's ballistic missile, the V-2, and the American atomic bomb suggested that any future war between major powers might well bring about the end of humanity on the planet.

The war and its ending also brought about enormous population movements. Millions of prisoners of war and enslaved labourers struggled to return to their homes and over some years generally managed to do so. On the other hand, some from Eastern Europe did not want to return to countries that had fallen under Soviet domination, and Jewish survivors from Poland discovered that their return was not wanted and dangerous, so they preferred to move to Palestine, which the British attempted to keep closed. Additional millions of Europeans were displaced by the new boundaries established by the victors. Since the Germans had endlessly condemned the effort to adjust boundaries to people at Versailles in 1919 and insisted on the principle of adjusting people to boundaries instead, that procedure was applied to Germany. Some 12 million Germans lost their homes in former eastern Germany and Czechoslovakia, Poland, and other countries of East and Southeast Europe in the largest population movement ever in a short time. Italy lost its colonial empire and some land to Yugoslavia. Several million Japanese from that country's empire were moved back to the home islands. After surrender, Japan remained a unit; it was not divided into occupation zones nor was its capital divided into sectors, as occurred with Germany and Austria and their capitals. Only some tiny islands off the northeast coast of Hokkaido were annexed by the Soviet Union and their inhabitants deported, an issue that has prevented the signing of peace between the two countries into the 21st century.

The Allies were faced with the issue of how to deal with war criminals, who they had promised to try and punish. At this time many who had reason to fear justice did what they could to hide, assume new identities, or escape to South America with Vatican assistance. The newly liberated countries faced not only a massive reconstruction problem but also the question of how to deal with those who had collaborated with the occupying forces. Most of the defeated countries found themselves with reparations to pay, and ironically a truncated and much damaged Germany paid much more than a larger and essentially untouched Germany had done after World War I. In addition to creating new and improved weapons of destruction, the war effort had also brought new developments in medicine as well as a means of air transportation, the jet engine, which was to transform postwar travel.

If victory had been enormously costly, the alternative the world would have faced was so horrendous as to make the cost necessary, in retrospect: the genocidal policy applied by the Germans to Jews and Roma prefigured even vaster systematic killing, starvation, and forced sterilization of enormous masses, with the eventual plan that only the so-called Aryans should inhabited an Earth on which they worshipped only themselves. The conflict had, on the other hand, simultaneously speeded up the process of decolonization, a process that came to include neutral Spain and Portugal as well as the participating colonial powers. The conflict did provide the Soviet Union with a new sense of legitimacy in the eyes of the vast majority of its inhabitants, but that would fade with time. A different world emerged from its greatest conflict, one that by its nature, and especially by its conclusion, warned all to be most cautious thereafter.

# Further reading

On the war as a whole, there is Gerhard L. Weinberg, *A World at Arms: A Global History of World War II*, 2nd edn, New York, 2005. For the war's origins, there are the same author's *Hitler's Foreign Policy 1933–1939: The Road to World War II*, New York, 2005; and Zara Steiner, *The Triumph of the Dark: European International History 1933–1939*, Oxford, 2011. While the literature on the war is enormous, a very helpful guide to its key figures will be found in Mark M. Boatner III, *The Biographical Dictionary of World War II*, Novato, CA, 1996.

Readings on each campaign cannot be listed here, but for the first, see Alexander B. Rossino, *Hitler Strikes Poland: Blitzkrieg, Ideology, and Atrocity*, Lawrence, 2003. The crushing of France is reviewed in Ernest R. May, *Strange Victory: Hitler's Conquest of France*, New York, 2000. Michael Korda, *With Wings Like Eagles: A History of the Battle of Britain*, New York, 2009, offers a recent survey. For the German invasion of the Soviet Union and the subsequent fighting on the Eastern front there are numerous excellent works by Robert Citino, David Glantz, David Stahel, and Earl Ziemke. On the fighting in Italy, the British and American official histories offer excellent surveys and Richard Lamb's *War in Italy 1943–1945: A Brutal Story*, New York, 1994, provides a necessary supplement. It should be noted that the British official history, entitled *The Mediterranean and Middle East* (vols I–V), provides helpful coverage of all aspects including north Africa, Iraq, and Syria, as well as operations in Italy.

The fighting in the West in 1944–5 is introduced by Alan F. Wilt, *The Atlantic Wall 1941-1944*, New York, 2004, which can be followed by Carlo D'Este, *Decision in Normandy*, New York, 1994, and Theodore A. Wilson (ed.), *D-Day 1944*, Lawrence, 1994. The subsequent fighting can be followed in Ian Kershaw, *The End: The Defiance and Destruction of Hitler's Germany, 1944–45*, New York, 2011, and Stephen G. Fritz, *Endkampf: Soldiers, Civilians, and the Death of the Third Reich*, Lexington, 2004.

For the two sides of the war in the air, good introductions are Tami Davis Biddle, *Rhetoric and Reality in Air Warfare: The Evolution of British and American Ideas about Strategic Bombing, 1914–1945*, Princeton, 2002, and Edward D. Westermann, *Flak: German Anti-Aircraft Defenses, 1914–1945*, Lawrence, 2001. Nathan Miller, *War at Sea: A Naval History of World War II*, New York, 1995, is well supplemented by Howard D. Grier, *Hitler/Dönitz and the Baltic Sea: The Third Reich's Last Hope, 1944–1945*, Annapolis, 2007. A careful analysis of Germany's armed forces will be found in Wolfram Wette, *The Wehrmacht: History, Myth, Reality*, trans. by Deborah Lucas Schneider, Cambridge, MA, 2006; on the country's military leaders one can find much insight in Geoffrey Megargee, *Inside Hitler's High Command*, Lawrence, 2000; while Donald M. McKale, *Hitler's Shadow War: The Holocaust and World War II*, New York, 2002, offers an excellent introduction to the title's subject. The effect of the Holocaust on German military operations is the subject of a book by Yaron Pasher forthcoming from the University Press of Kansas (Lawrence, 2014). Germany's occupation of much of Europe is covered by Mark Mazower, *Hitler's Empire: How the Nazis Ruled Europe*, New York, 2008. The complicated issues of Italy's internal divisions after the 1943 surrender are delineated in Claudio Pavone, *A Civil War: A History of the Italian Resistance*, trans. by Peter Levy and David Broder, ed. and with an introduction by Stanislao G. Pugliese (London, 2013).



Two fine surveys of the war in the Pacific are John Costello, *The Pacific War*, New York, 1982; and Ronald H. Spector, *Eagle against the Sun: The American War with Japan*, 1985. A good place to start on the beginning of Japan's expansion of its war with China is Alan D. Zimm, *Attack on Pearl Harbor: Strategy, Combat, Myths, Deceptions*, Havertown, PA, 2011. The key turning point is covered in

Jonathan Parshall and Antony Tully, *Shattered Sword: The Untold Story of the Battle of Midway*, Washington, DC, 2005. The first American offensive—and the longest battle in American history—is reported very well in Richard B. Frank, *Guadalcanal: The Definitive Account of the Landmark Battle*, New York, 1990. An excellent introduction to the campaign in the southwest Pacific is D. Clayton James, *The Years of MacArthur*, Vol. II, *1941–1945*, Boston, 1975. On the fighting in southeast Asia, there is the helpful survey of Louis Allen, *Burma: The Longest War 1941–1945*, London, 1984. For a culminating event in the American drive across the Pacific, see H. P. Willmott, *The Battle of Leyte Gulf: The Last Fleet Action*, Bloomington, 2005. The air attacks on Japan are well summarized in Barrett Tillman, *Whirlwind: The Air War against Japan 1942–1945*, New York, 2010. On the final stages of the war in the Pacific, excellent surveys are Richard B. Frank, *Downfall: The End of the Imperial Japanese Empire*, New York, 1999, and D. M. Giangreco, *Hell to Pay: Operation DOWNFALL and the Invasion of Japan, 1945–1947*, Annapolis, 2009.

Good introductions to the Japanese armed forces will be found in Edward J. Drea, *Japan's Imperial Army: Its Rise and Fall, 1853–1945*, Lawrence, 2009; Paul S. Dull, *A Battle History of the Imperial Japanese Navy (1941–1945)*, Annapolis, 1978; and M. G. Sheftall, *Blossoms in the Wind: Human Legacies of the Kamikaze*, New York, 2005. For a survey of Japan's occupation policies in east Asia and their repercussions, one still needs to turn to *The Far East 1942–1946* by F. C. Jones, Hugh Borton, and B. R. Pearn in the 'Survey of International Affairs', Oxford, 1955.

The war aims of leaders of the belligerents are summarized in Gerhard L. Weinberg, *Visions of Victory: The Hopes of Eight World War II Leaders*, New York, 2005. For the relationship of five key leaders with their military commanders there are helpful introductory accounts in Helmut Heiber and David M. Glantz, eds., *Hitler and His Generals: Military Conferences 1942–1945*, New York, 2002; John Gooch, *Mussolini and His Generals: The Armed Forces and Italian Foreign Policy, 1922–1940*, Cambridge, 2007; Raymond Callahan, *Churchill and His Generals*, Lawrence, 2007; Stephen Roskill, *Churchill and the Admirals*, Barnsley, 1977; Seweryn Bialer, ed., *Stalin and His Generals: Soviet Military Memoirs of*

*World War II*, London, 1970; Harold Shukman, ed., *Stalin's Generals*, London, 1993; and Eric Larrabee, *Commander in Chief: Franklin Delano Roosevelt, His Lieutenants, and Their War*, New York, 1987.

For further suggestions on many aspects of the war, readers will want to consult the 'Bibliographic Essay', pp. 921–44 in the first book listed above.

# “牛津通识读本”已出书目

古典哲学的趣味
人生的意义
文学理论入门
大众经济学
历史之源
设计，无处不在
生活中的心理学
政治的历史与边界
哲学的思与惑
资本主义
美国总统制
海德格尔
我们时代的伦理学
卡夫卡是谁
考古学的过去与未来
天文学简史
社会学的意识
康德
尼采
亚里士多德的世界
西方艺术新论
全球化面面观
简明逻辑学
法哲学：价值与事实
政治哲学与幸福根基
选择理论
后殖民主义与世界格局
福柯
缤纷的语言学
达达和超现实主义
佛学概论
维特根斯坦与哲学
科学哲学
印度哲学祛魅
克尔凯郭尔
科学革命
广告
数学
叔本华
笛卡尔
基督教神学
犹太人与犹太教
现代日本
罗兰·巴特
马基雅维里
全球经济史
进化
性存在
量子理论
牛顿新传
国际移民
哈贝马斯
医学伦理
黑格尔
地球
记忆
法律
中国文学
托克维尔
休谟
分子
法国大革命
民族主义
科幻作品
罗素
美国政党与选举
美国最高法院
纪录片
大萧条与罗斯福新政
领导力
无神论
罗马共和国
美国国会
民主
英格兰文学
现代主义
网络
自闭症
德里达
浪漫主义
批判理论

德国文学
戏剧
腐败
医事法
癌症
植物
法语文学
微观经济学
湖泊
拜占庭
司法心理学
发展
农业
特洛伊战争

儿童心理学
时装
现代拉丁美洲文学
卢梭
隐私
电影音乐
抑郁症
传染病
希腊化时代
知识
环境伦理学
美国革命
元素周期表
人口学

电影
俄罗斯文学
古典文学
大数据
洛克
幸福
免疫系统
银行学
景观设计学
神圣罗马帝国
大流行病
亚历山大大帝
气候
第二次世界大战